大人のための
やり直し英会話

 ベンジャミン・ボアズ 著
 青柳ちか マンガ、イラスト

Shogakukan Inc.
2-3-1 Hitotsubashi, Chiyoda-ku, Tokyo 101-8001 Japan
Copyright © 2016 Benjamin Boas, Chika Aoyagi
www.shogakukan.co.jp

ISBN 978-4-09-388461-7

Publisher: Mamoru Ito (Shogakukan Inc.)
First Edition, July 6, 2016
Printed in Japan

DTP: Showa Bright
Designer: Yuichi Watabe (Tio)
Photographer: Miya Igarashi
Editorial Assistants: Mika Kiyota, Christopher Sedgwick
Editor: T. Chris Kusuda (Shogakukan Inc.)

大人のための
やり直し英会話

ベンジャミン・ボアズ 著

青柳ちか マンガ、イラスト

小学館

Contents

序章

あなたもやり直せます

あなたの英語をコーチングします！

　皆さん、こんにちは！　ベンジャミン・ボアズと申します！　この本を手に取ってくださった皆さま、ありがとうございます！

　早速ですが、あなたは、「英語にコンプレックスがある」「英語をあんなに学校で勉強したのに、なぜ使えないんだ！」と思ったことはありませんか？

　もしかしたら、「やっぱり留学しなかったせいだ」「英会話学校に行ってないから」「そもそも日本人は英語を話すことに向いていないから」と自分に言い聞かせて、あきらめていませんか？

　断言します。あなたは絶対に英語が話せるようになります。大丈夫です！私がコーチングすれば、大人でもやり直せます！

「でも、どうやって？」と思っているあなたは、ぜひ私におまかせください！『BEN式英語』で、**大人のためのやり直し英会話**を指導いたします！　『BEN式英語』とは、①日本の学校ではほとんど教えていないフォニックス（アメリカの小学生が必ず学ぶ、文字と音をつなげる発音方法）の基礎発音、②スマホを最大限に活用した英会話練習法、③自分が関心を持っている分野の英語で学ぶ英語習得法などを、私が独自に構成した英語習得法です。

　まず、自己紹介いたします。私はアメリカ合衆国から日本に移り住んで今年（2016年）で10年になります。光栄なことに、内閣府のクールジャパン・アンバサダーと、東京都中野区観光大使に選出していただいており、英語で日本の魅力を世界に伝えることが今の私の役目です。私は幼い頃から日本文化にずっと魅了され続けています。アニメとマンガにはじまり、今では坐禅や合気道、太神楽（だいかぐら）の傘回しも大好きです。

　私だけではなく、日本人の誰もが日本の文化を英語で伝えられるようになれると信じています。「私は英語が苦手だから、そんなことできないよ！」と思われる方もいるかもしれません。「語学に才能がある人なら話せるけれど…普通の日本人の私には無理だよ」と私の友人からもよく聞きます。

　この本を読んで練習すれば、自分の「関心」のあることを英語で話せるよう

になれます。自分の「関心事」を大切にして学べば、必ず英語が上達します。大人のあなたもやり直し英会話を身に付けることができるのです！

関心がすべて！

　つまり、自分の好きなことを、英語で勉強した方が良いという意味です。私はアメリカの高校4年生（日本の高校3年生）になるまで、日本語をまったく話せませんでした。そんな私が、現在は日本語を使って仕事をしています。私がどのように今の語学力を身に付けたのか？　それは実にシンプルな方法でした。日本のゲームやアニメに関心があったから、ゲームやアニメで日本語をおぼえたのです！　日本語でしか遊ぶことができなかったゲーム『ファイナルファンタジー5』や、日本語でしか読めなかったマンガ『火の鳥』を読みたかったので、日本語を勉強することにしたのです。

　マンガとゲームで日本語力を鍛える。大好きだからこそ勉強を勉強とも思わず、また、強い関心があったので私には継続することができました。また、日本の麻雀にも関心がありました。これほどおもしろいボードゲームは他にはない！　と思い、資料を読みあさりました。その結果、ブラウン大学の卒業論文は『日本麻雀と社会の関わり』について書くことになりました。大学卒業後には、フルブライト・フェローシップ（奨学金）をアメリカと日本の政府からいただき、京都大学で研究ができました。日本に強い関心があったおかげで、今の自分がいます。

　人はそれぞれ好みが異なります。そして、みんな例外なく自分の関心で行動していると思います。自分の関心を大事にすればなんでもできると意識してみてください。その気持ちを持つことで、英語が話せるようになるのです。

　私は以前、「空中ブランコがやりたい！」と思ったことがあります。もちろん、まったく空中ブランコの経験はありませんでした。でも、どうしてもやりたくて、ニューヨークのあるサーカス学校を見つけました。学校に入った最初の頃はもちろん失敗ばかり。はしごを登る時は、その高さに驚いたし、思ったように体は動きませんでした。それでも何回もチャレンジして、飛べるようになっ

たのです。もちろん、やり直し英会話の準備に、あなたもまずは空中ブランコで飛んでみましょう！　という意味ではありませんよ。

あなたは「英語に関心がある」のは間違いありませんね。

あなたがこの『大人のためのやり直し英会話』の本を手に取ってくださったのは、「やり直したい！」と思っているからでしょう。何か**「できるようになりたい！」**と思うからでしょう。

ファッション雑誌を英語で読みたい！　あるいは、『Star Wars（スター・ウォーズ）』の映画を英語音声だけで観たい！　もしくは、「外国人に日本文化を英語で伝えたい！」など「実現したい！」ことがあるはずです。

その気持ちを大事にしてください！　それがやり直し英会話の鍵です！　なぜかと言うと、その気持ちを育てれば、きっと上達するからです。

英語雑誌を読めるようになりたいのであれば、ひたすら読みたい雑誌を読みましょう。また、英語の映画を生で観たいのなら、吹き替えに頼らず、英語の映画を字幕なしで観ましょう。外国人と話したいのなら、彼らと話しましょう。

最初は完璧にできなくても心配しないでください！　語学を学ぶというのはそういうものですから。だから、私は「教える（teaching）」のではなく、「指導（coaching）」をします。「完璧にできるように教える」ことはできません。でも、「できるようになるための練習方法」なら、その指導はできます。ぜひ私におまかせください！　自分の**関心**にもとづいた英語学習であれば、マスターするために何回も練習するのはとても楽です。

これは子どもにはできない、大人にしかできない練習方法です。大人であるからこそ、やり直せる方法です。

子どもの頃「英語を話せるといいなあ」と思っていたことを、今なら実行できるのです！

でも、最初に自分の関心を素直に感じないと、なにも始まりません。子どもの心を思い出して、大人のやり直せる力を発揮しましょうよ！

うーん…よくわからないって？　では、私の大切なクライアントさんが英会話ができるようになった例をご紹介しまSHOW！

忍者マッサージの英会話

　私の友人・芳原雅司指圧師は、アスレチックトレーナーとして、レスリングのゴールド・メダリスト吉田沙保里選手や、プロ野球選手たちの指圧を担当しています。忍術にもとづいた指圧なので『Ninja Massage（忍者マッサージ）』と彼は呼んでいます。トレーニング・キャンプや試合ではよく外国人選手を、英語で施術しています。How did you hurt your leg?（足はどうけがをされましたか）やPlease ice your wrist.（手首をアイシングしてください）などの必要な施術の内容を、英語で流暢に話せます。

「優秀なアスレチックトレーナーだから、英語でも説明ができる」と思うかもしれませんが、実ではそうではなかったのです。芳原さんは確かに施術方法を勉強しました。だからと言って、トレーナーとして海外留学や、英語の学校に通った経歴はありませんでした。

　むしろ中高時代には、あまり英語が得意ではなかったのです。大学を卒業した時には、「一応は英語を勉強したが、まったく話せない」状態でした。大学にはレスリングで推薦入学をしたようで、受験英語も勉強する必要がなかったそうです。おそらく、ほとんどの読者の皆さんよりも英語を勉強する機会がなかったのではないでしょうか。

　では、なぜ今、英語が上手に話せるのでしょうか。

　まず私は、芳原さんの指導にあたり、英語を使いたい理由を彼に尋ねました。そして、芳原さんが外国人選手の施術を英語でできるようになるための練習カリキュラムを作成しました。複雑な単語や文法ではなく、身体の部位や、簡単なフレーズが言えるように発音トレーニングに集中しました。その結果、指導開始から1年未満で、英語での施術は当たり前にできる状態になったのです。

　芳原さんの成功の秘訣、それは「よく勉強したので、外国人に治療ができるようになった」のではありません。**自分が伝えたい言葉を、相手に伝えることを目的として、英会話を身に付けたからです。**

　ただ「英語を使えればかっこいい」「単にもっと勉強をしないと」と、あや

ふやな目的ではなく、彼には「英語をどのようにすれば指圧の仕事で使えるのか？　どう伝えれば良いのか？」と具体的な理由があったおかげなのです。その結果、学生時代には英語をほとんど勉強しなかった芳原さんが、普通の日本人よりも英語が話せるようになったのです。

この本の使い方

　もちろん、読者の皆さんのお宅を訪ね、各人の練習カリキュラムを作成することはできません。だから、この本を友人のマンガ家・青柳ちかさんと一緒に書き、多くの人に読んでいただこうと思いました。本書の目的は、**大人のためのBEN式英語の勉強法を、自分で練習できるようにする**ことです。そして、指圧師の芳原さんと同様に、自分が伝えたいことを英語で自由に伝えられる人たちが１人でも多く増やすことです。

　『BEN式英語』では、まずは話す練習から始めます。そこで、**フォニックス**という方法を第１章で伝授します。

　その次は、自分で練習する方法です。**スマートフォン**を活用した練習が第２章のテーマです。

　第３章では、**自分の英語環境**を作ることに進みます。私と友達のおもしろい例も載せますので、楽しみにしてください！

　最後に、モチベーションとやる気を向上させる**コミュニケーションの実践**のアドバイスを第４章でシェアします。

　早速レッツゴー！

フォニックスは発音の基本

大人のためのやり直し！

「まずは隗より始めよ」ちかさんが身につけてみたらどうですか？

えっ!?ワタシ!?

でもさんざんやったけどできないしもう大人だし

日本の学校で教えるのはほとんどが受験・試験英語ですから

「勉強しても話せない」とがっかりしなくていいですよ

大丈夫！

これから私が大人でも話せるようになる英語学習のやり直しをコーチします

大人でも？

そんな…今さら話せるようになる？

アメリカの子どもが英語を学ぶのと同じことをやるんです

基礎の基礎からです

キソのキソ…大人のワタシには手遅れ感満載じゃない…

そんなことないですよ！

実際に私がコーチして大人でも話せるようになった人がいるんです！

えっ？ホント？

私は合気道の道場に通っています

黒帯もとりました

おっす
押忍！

Ouch!
（アウチ）
最近 腰が痛いな…

いつもの指圧の先生のところへいこう

彼は指圧師のヨシハラ先生
いつも不調の時、お世話になっています

Yoshi
指圧
治療院

やあ
ベンちゃん
どうした？

お願いします…

最近、腰で困ってて…

ベンちゃん
腰で困ってるのかー！

オレは英語で困ってるよー

英語で
困ってる？

最近外国人の
お客さんが
ふえててね

英語ができないと
困ることが多いんだよ

まぁ 前から話せるように
なりたいとは思ってたん
だけどね

前にプロレス団体の
トレーナーしてた時
外国人選手に
囲まれちゃってさー

彼ら陽気ですごく楽しそうに
話してるんだけどさっぱり
わからなくて…

習いたいなーと
思ってるうちに

最近は話せないと
仕事で困るように
なっちゃったん
だよ

なるほど

確かに
こういう仕事は
相手の状態を
よく理解しないと
できませんね

そう！
ハイ
うつぶせに
なって

っていうような
指示も言えないと

さてヨシハラ先生に
どうやって英語を
教えていこう？

学生のころは英語は
あんまりちゃんと勉強
しなかったって
言ってたな

でも英語の読み書きだけ
たくさん勉強してても
話せるかどうかは関係ないんだ

以前会社員グループの
英会話の講師をしたことが
あったけど

Hi, everyone!

やあ
みなさん

あれっ 今日は
"How are you?"
じゃないん
ですか？

パターンにはまっていたり
現代では使わないような
文章ばかり読んでいたり

古い言葉
だね…

How do you do,
Benjamin?
ごきげんよう,
ベンジャミン

英語上達のために
『シャーロック・ホームズ』
原書で読んでます！

結局あまり上達したとは
言えなかった

Tell me what
you did last
night.

きのうの夜何したか
教えてください

しーーん…

まず、口を動かしましょう！

　口を動かすとは言っても、口の体操ではありませんよ！

　言葉は、誰でも身に付けることができます。日本語でも英語でも、使えば使うほどうまくなります！　しかし、私が出会った多くの日本人は「英語をうまく使えない」と言います。

　ちょっと待って。本当に英語が使えないの？

　例えば、皆さんは"Juice, please."（ジュースをください）の"Juice"（ジュース）や"please"（プリーズ）を読めると思います。日本人の多くは中学・高校時代に6年以上は学校で英語を習いますから、英語がまったく読めないという人の方が少ないでしょう。

　では、なぜ「英語をうまく使えない」とこんなに多くの日本人が言うのでしょうか。私が聞く限りでは、「使えない」の意味は「話せない」ということのようです。英語を多少は読めると言う日本人は多いのですが、自信を持って話せるよ！　と言う人は少ないようです。

　なぜ、「話せない」のか？

　答えは簡単！　話せるようになる練習をしていないからです。

　つまり、「話せる」ようになるには「話す」練習をすればいいんです！

　英語を話せるようになりたければ、話す練習をしましょう。そう、まずは口を動かしましょう！

発音のトレーニング「Phonics」

　皆さん、"Phonics"（フォニックス）をご存じですか？

　アメリカの幼稚園や小学校で使われている、ごくごく一般的な英語の勉強のやり方です。「何それ、聞いたことなーい」という方もいるでしょう。

　小さい頃、学校でアルファベットの歌を覚えましたね。その歌でABCを「エイ」「ビー」「シ～♪」と歌ったと思います。

　この「エイ」「ビー」「シー」とは、実は「文字の名前」。「実際の発音」とは

違うのです！

　どういうことかと言えば、アルファベットが組み合わさって１つの単語になった時、「a」「b」「c」は「エイ」「ビー」「シー」とは読みません。「エイ」の音は「A」というアルファベットの名前であって、単語の中に入っている「a」は「エイ」と読むわけではないのです。ではどう読むか。そのルールを決めたものがPhonicsです。

　つまり、**Phonicsとは、アルファベットの発音練習**です。皆さんが英語を学び直すのに、このフォニックスはとても役に立つのです！

「えー、何となく読み方はわかるし、ある程度のフレーズだったら言えるのに、どうしていまさら１つ１つの発音練習をやらなきゃならないの？」と思われるかもしれません。しかし、Phonicsを練習することは、すでに英語の知識がある皆さんには、すばらしいメリットがあるのです！　そのメリットを、これから説明していきましょう。

カタカナ発音との違い

　Phonicsは、簡単に言うと英語文字と英語発音を結び付ける練習です。これを覚えると、発音が上手になるだけではなく、リスニングも上達します。

　文字を１つずつ読んで、１つずつその文字とつながっている発音の音をゆっくり言います。簡単なことですが、英語ではとても大事です。Englishという言葉を取り上げて、Phonics的に考えてみましょう。これはどう発音しますか？　日本人はi-n-gu-ri-(tsu)-shu「イングリッシュ」とよくカタカナ英語で発音します。

　しかし、これは本来の発音と異なるのをご存じですか。英語では「E-n-g-l-i-s-h」となります。発音する時は子音と母音を分けます。でも、日本語では子音の後に母音が来ますね。

　もう１度「イングリッシュ」を見ましょう。英語では子音のgが、日本語のカタカナでは「gu」（グ）になります。そして「sh」に「u」が付いて「shu」（シュ）になります。２つとも「u」が付くために、長くなりましたね。

英語に由来する外来語の多くはよけいな母音が付いています。例えばクリーニングというカタカナ。Cleaningという英語です。しかし、カタカナでku-ri-i-ni-n-guになります。cが「ku」（ク）になって、gが「gu」（グ）になります。

　プリンターで使われているインクというカタカナ英語もそうです。英語ではinkですが、カタカナではinkuです。「k」に「u」がくっついて「ku」（ク）になります。

　また、もう１つの難点があります。英語には日本語にはない音も含まれています。なので、その発音を磨くのにカタカナ英語では表せない音を練習しなければなりません。

　え？　カタカナで表せない音を練習するの？　そんな勉強法があるのをほとんどの日本人が知らないでしょう。「今までの英語勉強は、何だったんだ！」「損した！」「がっかり！」と思われるかもしれません。

　でも皆さん、Don't worry!（ご心配なく！）どの言語を勉強しても難点はあります。

　英語では、発音と文字をつなげる必要がありますが、日本語ではそのようなルールは存在しません。たしかに、日本語はとても難しい言語です。私は漢字の読みや書き方を習得するのに何百、何千時間を費やしました。でもありがたいことに、日本語で唯一簡単なルールがあります。それは「子音の後には母音を発音する」ことです。どの仮名の文字でも発音は変わりません。「カ」は必ず「ka」と発音します。この発音の基本を学んだらどんな日本語でも読むことができます。

　しかし、英語は違うのです。同じ文字でも発音は言葉によって変わることがあります。「ge」は「ゲ」として発音する時もあり、「ジェ」または「ギ」とも言います。そして、子音が並ぶと、また発音が変化することもあります。「t」や「h」がつながって「th」になると元の文字と関係ない、そして日本語のカタカナ英語にはないややこしい音になりますね。

　なんだかルールが難しい！　ややこしいと感じてしまいましたか？

　英語の発音の複雑さは、最初は難しいかもしれません。ただ、練習さえすれ

ば、どんな人でも英語発音ができるようになってきます。

　日本人にとって英語の発音は確かに大きな壁になっています。だからと言って、英語をまったく話せないわけではないのです。ただPhonicsの方法で、話すことを練習すれば良いのです。学校や受験で強調されていない「話すこと」をたくさん経験すれば「気楽に話せる」ようになるからです。

文法や語彙だって大事でしょう？

「英語で困っているあなたに、このフレーズさえ覚えれば大丈夫！」といった英語勉強本はたくさんあります。また、「今、英語で新しいフレーズを毎日暗記しています」とよく日本人の友人から聞きます。

　確かにフレーズを覚えたり、語彙を増やしたりすることは大事なことです。でも、本当に相手に通じる英語を使いたいのなら、まずは発音をマスターすることから始めることをおすすめします。理由は2つあります。

　1つ目の理由は、「話すこと」が日本での英語学習でとても欠けているからです。

　まったく英語を知らない状態から勉強する子どもには、確かにたくさん語彙を学んで、基本文法を勉強することも大事でしょう。

　でも、『大人のためのやり直し英会話』を読んでいる皆さんはどうですか？6年以上も中高で英語を勉強したのだから、基本文法や語彙は知っているでしょう。だから、必要なのは発音する練習なのです。

　2つ目の理由は、日本語の約10％は外来語だからです。そのほとんどは英語がオリジナルだと言われています。例えば「ピーク」、「トラブル」、「ノーコメント」のような言葉は日本語の中でも日常的に使いますね。そのほとんどの単語は英語でも同じ意味で使えます（中には和製英語でまちがっているものもありますが）。

　ただ、このように日本に英単語があふれていても、それをカタカナ英語発音で英語として話しても通じないことが多いのです。なぜなら、カタカナ英語と実際の英語の発音には違いがあるからです。

Starはスターじゃないよ

　星。星飛雄馬。『巨人の星』で有名な野球選手。

＊『巨人の星』原作：梶原一騎

　…ではなくて。

　star（星）という英語の単語を知っているでしょう。日本人みんながわかる英単語ではありますね。しかし、starはスターとは発音が違います。

　え？　スターとstarは同じ言葉なのに、どこが違うの？

　説明しましょう。スターというカタカナで表記されている言葉は立派な日本語の単語です。しかし、starは英語なので、スターという発音ではありません。「スター」という日本語は３つの音で成り立っています。言うまでもなく、「ス」（su）と「タ」（ta）、最後の音は「ア」ですね。では、starでできている音は何でしょう。アメリカ人のネイティブから見ると、４つあります。「s」「t」「a」「r」になります。

　この４つの英文字はどう発音するでしょう。「s」は「エス」とは発音しません。「エス」はただ文字の名前で発音とは違います。starの場合、単独の「s」は「スゥッ」のように発音します。「t」は「トゥッ」。「a」は「アッ」。「r」は、カタカナではとても表せないけど、強いて表記するなら「ゥル」とか「ルッ」になります。犬がうなるような音です。

　その点、カタカナ英語の「スター」の発音は簡単です。「スター」そのままですね。では、starは？「スゥットゥッアッゥル」と日本語では発音しませんよね？

　実は、英語の正しい発音を日本語で表記するのは、非常に難しいのです。理由は２つあります。１つは英語の発音は日本語にないものが多いので、カタカナでは書けないからです。もう１つは、英語には日本語にはない発音ルールがあるからです。例えば文字をつないで発音するルール。先ほどのｓとｔは並んで「st」となると一緒に発音するので発音が変わるのです。

　えー？　めんどくさーい！　難しそう！　英語の発音って、なんか理不尽！

まあまあ。確かに英語という言語は、発音はちょっと複雑です。でも、どんな言語でも簡単なことと難しいことがあります。日本語の発音のルールは簡単だけど、発音ができても、例えば難しい漢字など、完璧に読めるとは限らないですよね。そして、読めても書けるとは限りません。ちなみに「薔薇(ばら)」「髑髏(どくろ)」などを、私も読めます！　えっへん。…絶対に書けないけど。

　英語は、発音のコツをつかむには確かに時間がかかります。でも、Phonicsで発音のコツさえつかめば、どんなに難しい英単語でも読めちゃうんです！最初は難しいかもしれないけど、最初の山さえ乗り越えれば、大丈夫！

　それでは、これからPhonics発音をマンガで勉強していきましょう。まずは、カタカナの表記と英語の発音の違いを意識しましょう。

フォニックスの練習

こういうのが
アルファベット
26個分あるの？

いえPhonicsにはたくさんの発音の
ルールがあるので
実は45個くらいあります

"th" など
アルファベット2つの
ものとか

そんなに!? 覚えるの
大変そうだな…

大丈夫！　26文字の
アルファベットが基本です
から慣れれば簡単です

アメリカの子どもたちは
例えばこんなカードを
使って楽しく覚えます

"S" の Phonics Card

snake　straw

S　s

star　sing

つまらないダジャレで
「しーん」とさせてしまって
すみません

日本のギタイゴは
本当にcoolですね！
実際に存在しない
音まで書けちゃう！

でも「R」と「L」は
どっちも「ル」だね
日本語だと

そうなんです……
日本語にはない
発音ですから

でもその違いで
英語ではこれだけ
意味がかわります

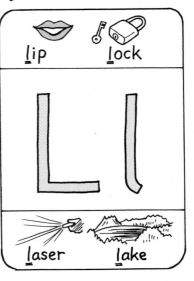

カタカナ英語から離れよう

　日本のカタカナはすばらしい。どんな外来語でもカタカナにすると、日本語として受け入れられます。そして、どんな音でも「擬態語」や「擬音語」で文字として表せます。

　マンガでいっぱい出てきますね。例えば、水が出る様子は「ブシャー」、また、人がショックを受けると「ガーン」だけど、実際に「ブシャー」「ガーン」と聞こえることはないですね。あるいは、なんの音も出ていない場面でも「シーン」と無音の様子が表記できます。さすが日本のマンガ家さん！

　日本人は本来日本語にはない英語の発音を、日本人になじみやすい、発音の似ているカタカナ英語に置き換えてきたのですね。

　カタカナを使って外来語にして、外国語を理解するのはすばらしいことです。ただし、カタカナの便利さは、日本人による日本人のためのもの。カタカナとは外国のものを表記する書き方ですが、間違いなく日本語発音です。本来の英語発音とは異なるし、日本語のカタカナ英語発音に慣れていない英語ネイティブには通じないと思います。

　つまり、カタカナ英語でしゃべっていると、それは日本人にしか通じない英語になってしまうのです。だから、本当に通じる英語を話したいのなら、カタカナ英語ではなく、本来の英語の発音を学ぶことが大切なのです。

日本語にはない「音節」って？

　では、カタカナ英語から離れて、英語をどのように発音すればいいでしょう。

　日本語と英語では、音のかたまりが違います。

　先ほどPhonics（フォニックス）でstarを英語ではつなげて発音するということを話しました。日本語では「スター」は「ス」「タ」「ア」という3つの音節になりますが、英語では「star」は1つの音節になります。これが日本語との発音のかたまりの大きな違いです。

　日本語では1文字が1つの発音を表します。「ア」は「ア」、「カ」は「カ」

と発音しますね。文字イコール発音記号になっています。

　フォニックスで1文字1文字をつなげて発音するということを言いましたが、日本語ではそういう発音はしません。どんな言葉でも仮名通り発音すると、カタカナ英語発音になります。例えば、「ツ」のカタカナは「KATSUDON」「TSUKERU」「I TSU TSU」。どの箇所にあっても発音は一緒です。日本語では、基本音の発音の方法が同じになっています。

　しかし、英語では違います。英語は1文字ずつ単独に発音することは普通、ありません。なぜかと言うと、文字をグループに分けて「音節」（まとまり）で分けるからです。

　違う例で説明しましょう。

　皆さん、科学が好きですか？　好きですよね？　日本の世界一有名なロボット、鉄腕アトムは「科学の子」ですね！

　皆さん、学校で習った化合物のことは覚えていますか。水はH_2Oのように複数の元素でできている物質です。水だと、2つの水素原子（H）と1つの酸素原子（O）でできています。原子ごとに分けることができます。ちなみに「アトム」は英語で「原子」の意味です。

　言葉の発音も、複数の音でできています。例えば、「ベンジャミン」という言葉があります。日本語の発音要素で分けると、「ベ・ン・ジャ・ミ・ン」

になりますね。6つ発音すると、全体的な言葉の発音になります。

　化合物で言うと、「ベンジャミン」という物質は6つの原子でできています。この6つの「原子」を集めると、私ができ上がります。なんちゃって。

　一方、英語の発音を分けるのは、ちょっと難しいです。英語では、最小の発音で切る「音節」（音のかたまり）が大切です。「Benjamin」の場合、「Ben」「ja」「min」になります。音節は3つです。

　つまり英語の場合、「Benjamin」という物質は3つの「原子」でできていると言えます。

　え？　でも、どうやって3つってわかるの？　簡単に言うと、（子音）・（母音）・（子音）、つまり子音で母音をはさむのが基本音節（音のかたまり）のパターンです。B・e・nが1つの音節ですね。M・i・nも1つの音節です。

　では、Benjaminのjaは？

「jは子音だけど、aの母音の次に子音がないじゃん！」とツッコミがきそうです。これ…実は…私もちょっと説明しづらいです。音節は時々微妙にルールが変わります。しかし、この微妙なところをずらしても、発音はあまり変化しません。「Ben」「jam」「in」で分けても、音がほぼ同じです。

　日本語では「カ」（ka）の「k」と「a」は切っても切り離せないですが、英語の場合は単独した子音が存在している、ということです。音節を理解するには、この基本を覚えておくといいでしょう。

　英語の1音節を、これ以上分けて発音することは難しいことです。「ベン」だと日本語なのできれいに「ベ」と「ン」に分けて発音できますが、英語では、「B」「e」「n」をそれぞれ単独で発音をしないのです。

文字をつなげて発音する（リンキング）

　英語Phonicsでは、つなげて発音（リンキング）することも学びます。

　bとeをつなげる場合は簡単ですね。bとeをくっつけて、nを加えたところでカタカナの「ベン」に近いです。jaも、miとnも、同じですね。ベンジャミンという発音しやすい名前、すばらしいでしょう？

ただ、そう簡単にはいかない時もあります。先ほどのstarの例だと、子音st2つをつなげて、そしてrを加えます。

　さらに複雑な例としては、例えばPhonicsという単語もとても難しいですね。phoとnicsとして分けます。普段fとして発音されるphがあるのでphoの方が少し難しいですが、2つの子音を並べたnicsがもっと難しいですね。最初に覚える時は、ゆっくり発音するといいでしょう。自然にしゃべるペースでphonicsはphoとnicsという2つの音節として発声されますが、まずはph・o・ni・c・sと1個ずつ発音することもできます。

　あんまり複雑だとイヤになっちゃいますね。

　要するに、フォニックスの細かいルールよりも、英語での発音の構造は日本語とは違う、ということがわかれば大丈夫です。カタカナ英語を使うと本当の英語の発音が理解しにくくなります。めざすは、「英語としての英語」です！

カタカナではなく、英語で

　リンキングと音節の話はもういいでしょうか？　ややこしい話はこの辺までにして、実際にPhonicsの発音方法を活用していきましょう。

　では、いよいよ一般会話に入りましょう。音節やリンキングで英語を英語らしく言えるように、言葉と言葉とのつながりもカタカナとしてではなく、英語らしく発言することが目標です。心配ご無用！

　かの有名なHow are you？（お元気ですか）からはじめましょうか。おそらく、皆さんの中には、カタカナ英語の「ハウアーユー」を念頭に、3つの言葉が1つの言葉に合流しているかのように素早く言っている人が多くいると思います。

「ハワーユー！」みたいな感じに。

　ただ、英語では「ハウアーユー」というカタカナ英語が存在せず、「how」「are」「you」という3つの個別の言葉のみが存在します。カタカナで強いて記すと「ハウ」「アールッ」「ユウ」となります。「ハウアーユー」に近いですが、カタカナ英語では「r」の音が抜けることがわかりますか？

英語の発音にまだ慣れていない場合、言葉を1つ1つていねいに発音することをおすすめします。「ハワーユー」とカタカナ英語で発言したとしても、通じるかもしれません。しかし、もともとの英語発音とは違います。これがさらに長いフレーズになると英語ネイティブ・スピーカーは何を言っているのか、わからなくなります。

　つまり、英語を英語のままで読むには、カタカナ英語で発音せず、むしろていねいに、1つ1つ個別の言葉として発音した方が良いのです。カタカナ英語はいったん忘れ、ゆっくり、はっきり発音するのが大事です。できる限りの正しい発音で、相手が理解できるように、1つ1つの言葉をゆっくり話せばいいのです！　何も慌てる必要はありません。

早口で言うのをやめよう

　本物の英語を聞いていると、早口で流れていて、1つ1つ聞き分けてなんかいられないよー！　とおっしゃる読者もいるかもしれませんね。それに合わせて、「ハワーユー」「スタンダップ」「ドンウォーリー」などと言いたくなるでしょう。しかし、先述した発音のルールを考えると、早口カタカナ英語は本来の発音とあまりにもかけ離れていることがおわかりだと思います。カタカナ英語はあなたにとって英語のように聞こえるかもしれませんが、英語ネイティブにはそういう風には聞こえません。早口カタカナ英語発音は日本人同士では理解しあえるでしょうが、実用的ではないのです。

「ほったいもいじるな」という言葉を、聞いたことありませんでしたか？　昔の日本人が「What time is it now ?」（今何時ですか）を聞いて、がんばって日本語表記を作ったという話ですが、英語ネイティブにとってはちんぷんかん

ぷん。これは日本人にとっては笑える例ですが、実は「Don't worry.」を早口のカタカナで「ドンウォーリー」と言ってもネイティブにはおかしく聞こえてしまいます。

それでは、カタカナ英語も早口もやめて、どうすれば良いでしょう?

それは、英語ネイティブが小学生の頃に学ぶように、言葉をフォニックス的に分けてゆっくり発声して、間を置いて、そして次の言葉を言う。ていねいに1つ1つ言うことが大事なのです。

会話らしいとは、相手の反応を見ること

極端な例をお話ししましょう。私は、カタカナ英語として覚えた長い英語表現を話す日本人に時々出会います。先日もあるイベントで、アメリカの有名ドラマ『刑事コロンボ』の台詞(せりふ)をそのままカタカナ英語で暗記していた人に話しかけられて、びっくりしました。

あるアメリカの有名投資顧問の講演後の質疑応答で、日本人の質問者がアベノミックスへの評価について質問しました。「What do you think of Abenomics?」(アベノミックスについてどう思いますか?)と発言しようと思い、頭の中で正しい発音を一生懸命練習してきたようです。見事に「What do you think of ～?」(～についてどう思いますか?)は英語で話せたものの、"Abenomics"(アベノミックス)はカタカナ英語で発音してしまいました。「What do you think of **アベノミックス**?」と聞いたのです。案の定、アメリカ人投資顧問には質問の意味がしばらく通じませんでした。

もちろん、最初から完璧な発音は不可能なことです。質問者が英語の発音を間違えてしまったことがダメだったとは思っていません。ただ、彼がアベノミックスをカタカナ英語ではなく、英語で発音する必要があるという簡単なことさえわかっていれば、成功できたはずです。だからこそ、カタカナ英語と英語の違いを知ることが、最も大事なことだと思っています。これさえ知っていれば、後は練習のみです。口を英語らしく動かしましょう!

実際に声に出そう！

皆さん、いかがでしょうか？

「確かにいいかもしれないけど、正しく発音する自信がないなぁ」「間違えそうで不安」だと思っていますか？

大丈夫！ そう思っているのなら、それこそが進歩できる証拠です。

もちろん、最初から完璧に発音ができれば理想です。でも、経験がないことをすぐに完璧にすることは誰でもできないことです。思い出してください。子どもの時、自転車にすぐ乗れましたか？ 私は乗れるまでに数か月かかりました。今はうまく乗れますが、最初は転んでばかりでした。その経験と同じです。

いきなり「正しく完璧に発音しなきゃ！」ではなく、目標として「いつか、パーフェクトな発音をめざす！」でも良いのではないでしょうか。だって、その目標を達成するには、実際に言葉を何回も発声しなければならないでしょう？ 発音を何度も聞いたり、発音記号を暗記したりしていても、実際に口から出さないと意味がありません。実際に声に出して練習する日本人はなかなかいないと思います。だからこそ、話す練習が必要です。「外国人の前でフリーズする」「言葉は知っているけど、口からうまく出ない」などの問題がある場合も、練習で解決します！

そして、その発音を言葉のカタカナ英語ではなく、実際の英単語の通りに発音しましょうね。これがPhonicsの1番大事な要点です。カタカナで英語を練習することはできます。カタカナ英語に価値がないとは言いませんが、英語の発音と違いがあるので理想的だとは言えません。せっかく発音を練習しているのだから、実際の英語にもとづいたやり方に価値があると思います。だから皆さん、Phonicsをぜひ活用してください！

大事なのは「完璧」ではなく「リラックス」

「発音を少しでも間違えると、理解してもらえない」「英語の発音が悪いと意味が変わって、失礼になるかもしれない」などの心配を、日本人の友人からよ

く聞きます。確かに発音は大事だと思います。しかし、発音を間違えても、相手から深刻に誤解されて、怒られることはまずありません。

「イングリッシュ」や「ウォーター」とカタカナ英語で発音しても外国人に怒られることはありません。しかし、文字1つ1つを意識し、フォニックスを練習すれば、発音を理解してもらえる可能性は格段に上がります。なぜなら、ネイティブも小さな頃から同じ方法で発音を練習しているからです。カタカナ英語を理解している外国人は少ないので「ウォーター」の発音に聞き慣れていません。しかし、「ワー・ターゥ」のようにリラックスしてPhonics的に発音で言えば、子どものネイティブが話すような発音になります。

　アメリカだと、移民が多い国なので非英語ネイティブの人だらけです。だから、完璧な文法や単語の英語を話せないことに、お互いに慣れています。自分なりの英語を自分らしく言えば、周りの人が大体どの言葉を言っているかがわかります。

　Phonicsの良いところは、「1人で練習できる」ことです。英会話学校に通わなくても、相手がいなくても、1人で練習ができます。そして、口を動かすことさえできれば自然と上達します。

第1章のまとめ

●とにかく英語を話す練習をはじめましょう。

●発音のトレーニングとしては、フォニックスという方法がとても効果的です。まずは、フォニックスで、アルファベット1文字1文字の正しい発音から習得しましょう。

●ネイティブに通じる英語のリンキングを練習しましょう。

●英語の音の区切り（音節）は、日本語とはまったく異なっています。カタカナ英語の発音から離れることが大切です。

第2章

スマホ先生に学ぼう

スマホ先生

はい！
Phonics(フォニックス)で
音と文字が
つながりましたね

これで
カタカナ英語
じゃなくちゃんと
伝わる
発音ができます

はいはい
ベン先生！

なんでしょう
ちかさん

How is my
pronunciation?

ワタシの発音
どうですか？

ヒても
いい
ですよ

Very
good.

よかった〜
なかなか自分じゃ
ちゃんと発音
できてるか
わかんないからね

そうですねー
特に日本人は
"R"と"L"が
区別しにくい
ですからね

ベンさんみたいな
ネイティブが身近に
いればいいけど

そうでない人は
どうやって発音
チェックすれば
いいの？

スーちゃんは
iPhone（アイフォーン）ですか？

アンドロイドです

ではGoogle（グーグル）を
使いましょう

なにしてんのー

あっ息子さん、
ちー助くん
こんにちは

んー…
例えば

I'm learning
Aikido.
（私は合気道を
習ってます）

Google
I'm learning Aiki
Videos Images News

え？　これ
今言った英語が
出たの？

ああ〜
音声認識ね！

そうです！
日本語でもよく
使うでしょう

正しく発音すれば
正しく表示されます

もうちょっと
おもしろいことも
できるので

今度は"Siri"を
使ってみましょう！

This is
my iPhone.

コレは 私の
アイフォーンです

Hi!

Siriって何ですか？
Siriません

つまんない
ギャグ
ですね

iPhoneに
入ってる音声認識
システムです

Send mail to
Chika.

ちかさんに
メール送って
ください

ピピピ

あっメール
きた！

そっか！　日本語でも
あるね「メール送って」
って言ったら送ってくれ
たりなんでも答えて
くれるヤツ

そうです 正しく言えば
Siriさんが何でもして
くれるし 教えてくれます

What is the
weather
tomorrow?

あしたの
天気は？

ハイ！
明日は
晴れですね

Nakano

すごーい

スマホでどこでも英語環境！

　英会話を勉強したい。でも、勉強する相手がいない…。しかも、発音が正しいかどうかをチェックしてくれる人もいないから、正しい英会話の勉強なんかできないよ！

　そのように思っている皆さん。実は、1人でも英会話は勉強できます！　仕事が忙しい人、英会話学校に通えない人、外国人の知り合いがいない人も、英会話を1人で学ぶ方法があるのです。しかも、自分のペースで勉強を進められて、さらに、ただ必死にやるガリ勉ではなく、フィードバックがすぐにもらえる効果的な学習方法とは何でしょうか？　それは、皆さんがいつも携帯しているものを100％活用する英会話習得術です。

　え？　いつでも携帯しているって、ポケットの中の携帯電話のこと？　その通り！　自分の手よりも小さなこの道具は、あなたが困っている発音や聞き取りを教えてくれる先生です。音声入力や言語習得アプリをうまく使えば、いつでもどこでも効果的に勉強ができるのです。近くに人間の相手がいなくてもできます。いつでもどこでもすぐポケットから出せばいいのです。しかも、大体のアプリは無料でダウンロードが可能！　あー、なんと理想的！　ほとんどの人がスマホを持っているかもしれないけれど、自分はガラケーだよ！　とツッコミを入れる人にもグッドニュース。家にパソコンさえあれば、スマホと同じように学べます。

　電車に乗って、周りを見渡すとほとんどの人はスマホをいじっている。よくパズルやゲームをやっている人も見かけます。楽しいしストレス解消になりますね。同じ色のブロックをそろえて、どんどん消えていく様子は気持ちが良いかもしれません。皆さん、このゲームの楽しさに英語の勉強を加えてはいかがでしょうか？　パズルでもゲームでもスマホですべてを「英語設定」にすれば、勉強になるのです！　英語を勉強ができる道具をいつも携帯しているのなら、これを機会に英会話ができるように活用してみましょう！

　Android（アンドロイド）のスマホでも同じことができますが、ここでは、

私が使っているiPhone 5（アイフォーン 5）（iOS 9.2.1）の場合を紹介します。

英会話教師のSiri先生です

Siri（シリ）先生はとても優秀で、おそらく私の知っている英会話教師の誰よりも忍耐力の強い先生です。しかも、家庭教師もしてくれます。

そうです！　あなたの家庭にも訪問し、ていねいに英語を教えてくれます。仕事場でも！　通勤中でも！　なんと、遊園地の中でも。どこでも指導する、手を触れるだけであの幻のアラジンのランプのようにどんな望みもかなえてくれる魔神が現れるのです。英語の望みに限ってですが。

では早速、魔法英会話教師Siriに会いましょう。まず、iPhoneのシステム設定を開いてください。

（Settings）「システム設定」で（General）「一般」をタッチし、Siriのメニューを開いてください。画面の中にある（Language）「言語」を「英語（アメリカ合衆国）」に変えください。

（声の性別に好みがあれば、Siri Voiceをタッチし、「Male（男性）」または「Female（女性）」を好きなように変えてください。）

はい！　魔法の家庭教師Siriが到着しました！　じゃ、早速ごあいさつしましょう。

では、そのまま「ホームボタン」を長押ししてください。すると、Siriが出てきます。Siriはカジュアルな先生なので、簡単に「Hey!」（やぁ！）とあいさつしましょう（あいさつが終わったら、静かにしないと、Siriが返事しません）。

Helloという返事が出ましたか？

大成功！　やっと英語家庭教師のSiriと会えましたね！

これで英語を何からなにまで教えてくれるSiri先生に、あなたは出会えました。早速、先生に英語で話しかけてみましょう。話すことは、なんでも良いですよ。

例えば、

"What day is it?"（今日は何日ですか）

"Where am I?"（私はどこにいますか）

"What is the weather tomorrow?"（明日の天気は何ですか？）

"How are you?"（お元気ですか）

何でも、ちゃんと答えてくれます！

Siri先生はいつでも発音をチェックしてくれます。何度チャレンジしても、機械が相手だから怒られない、あきられることもない。恥ずかしいこともない。

Siriがわかってくれない時はどうすればいい？

　Siriは、だんだんとあなたの声に慣れてきます。自動音声認識という技術的な電子脳があるからです。完璧に話せなくても大丈夫なはずです。実際に、Siriがあなたの声に慣れてくることはとても良いことです。なぜなら、あなたも、自分の声を使うことに慣れるべきですから！　友人や会話相手と話せば話すほど、聞き手はあなたの話し方をよりわかってくれます。私が日本人の友達と話す時と同じです。いつも完璧な日本語で話しているとは限らないので、話せば話すほど、私の口ぐせや間違いに慣れてきます。Siri先生も同じです。

　もちろん、スマホの不具合でうまくいかない時もあります。あなたの音声を理解してくれない時もありますが、がっかりしないこと！　あなたのせいじゃないかもしれないし、いつも完璧な発音で話せたら、そもそもこんなに英語の勉強をする必要はないのだから。失敗はあって当然です。ポイントは口を動かすことです。望み通りのことが音声入力されず、スマホの画面に表示されなくてもいいのです。練習していれば、上達しているのです！　心配せずに、楽しく続けてみましょう！

　Siri先生はいろいろな雑音まで聞こうとしてくれたり、深〜く考えてくれたりするので、話すタイミングに気をつけましょう。マイクのボタンを押したらすぐに話し始めてください。表示されている丸がまだ動いている状態の時は話すのをやめます。仮にDisney（ディズニー）と発音したつもりが、dizzy（目が回る）のような変なことが表示されても終了するまでは何も言わず待ちましょう。Siriがまだ考えています。

もしSiriに伝えにくい言葉があったら

　もちろんスマホは完璧ではありません。例えば、「Hollywood」（ハリウッド）と発音してみてください。Siriには「How do you？」と認識されてしまいま

したか？　もしかして「How do you don't?」と誤って認識されましたか？
Hollywoodの英語の発音は日本語のカタカナ「ハリウッド」とだいぶ違うので、
これは難しいですね。Hawaii（ハワイ）を発音すると「How are you?」と
音声認識されることもあります。Siriはあくまでもプログラムなので、音声入
力が完璧というわけではありません。

　このようなはずれた返事をもらっても心配しないでください！　これはあな
たの発声がダメだというわけではありません。自動音声入力だと、どうしても
認識する時に間違いが発生することがあるからです。しかも、これは失敗では
なく、上達のチャンス！　最初にHollywoodと発音してもSiriに通じなければ、
もう1回がんばろう！　2回目でもSiriがまだ誤解しているのなら、3回！
4回！　とチャレンジし続けましょう。七転び八起き！

　でも10回連続で、Siriがあなたの発音を「didn't get that」（意味がわからな
かった）場合、悲しい表示画面しか出てこない時には、思い切って休憩しまし
ょう！　そして、がんばっているあなたをほめてあげてください。なぜなら、
進歩していることに間違いないから！　あきらめずにがんばる自分を認めるこ
とも、気長に続けるのも上達のスキルの1つですよ。

　そして、Siriの音声認識機能の技術はまだ完璧ではありません。しかし、人
間と似ている部分もあります。誰でも、完璧にコミュニケーションはできない
ということを念頭に考えてくださいね。自分の話し相手が、外国人の訛りに慣
れていない可能性もあります。もしかしたら話し相手が年配者で、耳が遠いの
かもしれません。それは日本人が相手でも同じですよね？　例えば、国内旅行
をした時、地元の人は方言で日常会話をしていて、すぐに会話が通じないこと
もあるでしょう。年配者には、あなたの声が早口で小さな声に感じるかもしれ
ません。Siriにも同じことがあてはまると思います。学ぶにはあきらめず、様々
な違いに慣れるために試していくことこそが重要です。どんどん練習にはげん
でいきましょう。

　そして、大事なのはがんばり続けることです。外国語の環境では、思いがけ
ないことがしばしば起きます。しかし、そこが正念場！　臨機応変に、即座に

対応するための練習時間です。著名な科学者、アルバート・アインシュタイン博士は言いました。"Failure is success in progress."（失敗とは進行中の成功だ）と。皆さんはまさに成功の途中にいるのです！

いくつかの裏ワザを獲得しましょう！　例えば…

裏ワザ：スペルで伝える

どうしても英語発音をSiriにわかってもらえない時は、言葉のスペルで言い換えてみましょう。sky（空）と発音するのではなく、s「エス」、k「ケイ」y「ワイ」と、スペルで言い換えてみるのです。このような小技を活用してみましょう。やり直し英会話はあなた次第です、あなたが成功の鍵を握っているのをお忘れなく。というわけで、Siriを活用して、あなたのやりたいことを見つけましょう！

Siriに、どんなことも英語で尋ねてみよう

あなたは友達とおしゃべりするのが好きでしょう？　友達と話すと楽しいですよね。

でも、話し続けていれば、いつかの時点でおしゃべりにあきることもあります。でもSiriは違います！　あなたとの会話に飽きることはありません。あなたを1人にしません！　いつでも、何でも話してくれます。昨晩のニューヨーク・ヤンキースの試合の結果が知りたかったら、聞けばすぐに教えてくれます！海外のホテルに宿泊予定も、駅からの行き方も、Siriがすぐに、教えてくれますよ！

Siriに聞くことができることの例、

・道案内（Where is the nearest station?—最寄りの駅はどこですか？）

・アメリカのプロ野球（MLB）の試合結果（Who won the Yankees game?
　—ヤンキース戦は、どのチームが勝ちましたか？）

・海外旅行の準備（How do I get to my hotel?—私のホテルへどう行けば
　いいですか？）

いつでもどこでも、気楽に英語を話せますね！

| Siriの道案内 | SiriでMLB試合結果 |

聞き取りの練習もできます！

iPhoneのシステム設定で「一般」をタッチし、「アクセシビリティ」を選択してください。「スピーチ」の「選択科目の読み上げ」をオンにすると、コピー・ペースト機能と同じメニュー・バーにテキストの読み上げ機能が表示され、有効になります。

英語の発音を学ぶには大変便利です。すぐに機能を有効にしてみましょう！

次に、メールの文字を音声読み上げ機能で開いてみましょう。言語を選択して、speakをタップすると、スマホが文字を読み上げてくれるのです。発音がわからない言葉があってもこれですぐ問題解決できます！　スマホにすべて読み上げをまかせましょう！

次に映画のお気に入りの台詞（せりふ）を発音してみましょう。まずは映画データベース『IMDB』のhttp://www.imdb.comに行って、好きな映画を検索した後にquotes（有名な台詞）の箇所を確認しましょう。そしてハイライト部分を読み上げてもらえます。

例えば『007』シリーズでジェームズ・ボンドの名台詞と言えば「My name

is Bond. James Bond」（私の名前はボンド、ジェームズ・ボンド）、『Star Wars』（スター・ウォーズ）と言えば「May the force be with you」（フォースと共にあれ）は何回でも聞けますよ！『Jurassic Park』（ジュラシック・パーク）の「Life finds a way」（生命は道を見つける）も見つけられます！

読み上げる声をレベルアップ！

　ところで！　あなたはSiriの声がちょっと機械的だと感じていませんか？ ロボットのように自動的に発音しているので、ちょっと不自然に聞こえますよね。「もっと自然な英語の声を聞きたい」と思っている皆さんには、次の手順をおすすめします。「システム設定」＞「アクセシビリティ」＞「スピーチ」＞「声」＞「英語」（下にスクロールすると見えてきます）。最初のセクションで「英語（アメリカ）」には３つの音質の選択肢があります。最初の設定はデフォルトになっていますが、真ん中の高品質にすると、もう少しナチュラルな発音に聴こえます。

　そして、私がおすすめするボイス設定は、Alex!　一番下に見える「Alex」をタッチすると、まるで人間から聞こえてくるような高音質の声になります。聞き取り練習をしたいのなら、Alexの音声選択をおすすめします！

　アクセシビリティのメニューには、他にも役に立つ機能があるのでチェック

してみてください。

SiriでiPhoneを総合コントロール！

次はSiriでスマホをコントロールしましょう。

まずはWi-Fi（無線LAN）を使える設定にします。

1．ホームボタンを長押しします。

2．スマホに向かって"Please turn Wi-Fi on"と言いましょう。無事に
  Wi-Fiは有効になったでしょうか？

次はカメラを起動させます。

1．ホームボタンを長押しします。

2．スマホに向かって"Use camera"と言いましょう。カメラは起動しまし
  たか？

音楽再生もSiriでコントロールできます！

1．まず、好きな曲を考えておいてください。例えばCarpentersの有名な
  曲『Top of the World』にします。（ただし、あなたのiPhoneのMusic

に曲が入っていないと再生できませんよ！）

2．ホームボタンを長押しします。

3．スマホに向かって"Play Top of the World"と言いましょう。音楽が再生されて聞こえていますか？

では、ここからはさらにメッセージの送信にチャレンジしましょう！

1．ホームボタンを長押しします。

2．スマホに向かって"Please send an iMessage to A"（Aさんにメッセージを送信）と言いましょう。

3．スマホに向かって"Hello! How are you?"（こんにちは！　お元気ですか？）と言って、音声入力します。

4．音声入力された文章が合っていれば、スマホに向かって"Send"（送信）と言いましょう。さて、うまく送れましたか？

Siriでいろいろな機能をコントロールしてみましょう！

Siriとひと休み

　Siri先生はまじめな働き者だけど、ちょっとしたおもしろい質問にもちゃんと対応します。例えば、How old are you?（何歳ですか）と話しかけてみてください。Siriはどんな反応をするでしょうか？

Will you marry me?（結婚してください？）

Do you have a boyfriend?（彼氏はいますか？）

I love you Siri!（Siri、愛している！）

I'm drunk.（酔っ払っています）

What is the meaning of life?（人生の意味は何ですか？）

Read me a haiku（俳句を詠んでよ）＊英語の川柳を詠んでくれるはずです。

What is the best phone?（最高の電話はなんですか？）

Where did I put my keys?（鍵はどこに置きましたっけ？）

Sing me a song.（歌を歌ってください）

発声以外にも、スマホの機能はいろいろありますよ

　もちろん、発音練習はいつでもできるとは限りません。通勤で、満員電車で、1人携帯に向かってしゃべると周りに迷惑になるでしょう。だからと言って、スマホが使えないわけではありません。英語を勉強しながら遊べるゲームやアプリなら満員電車の中でも使えます。なるべく多くの時間を活用して、「英会話やり直し英語」の目的に1歩ずつ近づいていきましょう。

英語仕様のiPhoneをすぐ手に入れる裏ワザ

　読者さんの中には、そんなに簡単に英語仕様のiPhoneを手に入れられるものなのか、と思う方もいるかもしれませんね。では、すぐ証明して見せましょう！　紙とペン、iPhoneをお手元にご用意ください。

　まずは、自分のiPhoneの中にどんなアプリがあるかを紙に書き出してください。あまりにもたくさんアプリがある方は、まずは画面1ページ分だけを書き出してください。

　次にiPhoneの設定に移ります。iPhoneを手に取り、「設定」＞「一般」＞「言語と地域」＞「iPhoneの使用言語」＞「English（英語）」＞「完了」を順番にタッチしてください。しばらく待つと、あら簡単！　あなたのスマホも英語仕様に変身！

ではiPhoneの用語を見てみましょう。"General"とは何でしょうか。アイコンが「一般」と一緒なので、日本語では「一般」ですね。では"Photos"はどうでしょうか。そうです、「写真」です。そして"Phone"は「通話」です。他にも日本語で利用していたアプリの名前がどのように変化したでしょうか。じっくり見てメモに書き出してみましょう。

もしかすると、あなたにとって見慣れないアプリのタイトルが見えているか
もしれません。だからと言って、あなたがスマホと縁を切ることはできないで
しょう。むしろ、知らない英単語がスマホを起動する度に見えることで、興味
を持つのではないでしょうか。言葉そのものの意味を知らなくても、日本語の
同じ位置にあったアプリやアイコンが単純に英語化されただけなので、意味は
想像がつくでしょう。

　ではもう一度"System Settings"（システム設定）をタッチし、"Settings"
（設定）を見てみましょう。上から2番目の"Wi-Fi"とはどのような意味だと思
いますか？（日本語設定に直して見ないで！　英語の設定のままでね！）。
Wi-Fiは、ワイファイ（無線LAN）のことですね。

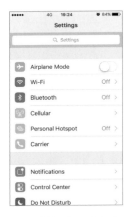

　では上から4番目の"Cellular"は何でしょうか？

　"Cellular"とは電話会社のことです。もしかすると、日本語設定でアイコン
を見慣れているので、英語設定を利用することで、あなたにとっての新しい言
葉やフレーズの勉強ができるのです。

英語設定にするだけでスマホが早変わり！

　携帯電話の設定を英語に変更し、アプリのタイトル言語がどのように変化したかを確認してみてください。いくつかは英語になっていません。（日本語タイトルだけのものもありますね。おそらくそのアプリは英語版が存在しないのです）。

英語設定になった画面

　さて、iPhone設定で言語によって自動的に日本語↔英語に変わるものを、いくつかリストアップしましょう。

・Japan Taxi（東京を中心にタクシーが呼べるアプリ）

・Tripadvisor（旅行口コミアプリ、アカウント登録必要）

・Facebook（フェイスブックというSNSアプリ）

・Instagram（写真をシェアするSNSアプリ）

・Gmail（グーグルの無料メールサービスアプリ）

・Google Maps（グーグルの地図アプリ）

・Weather（天気予報アプリ）

・Pinterest（写真をシェアするSNSアプリ。所在地をアメリカに設定すると、
　アメリカ人向けの英語コンテンツが表示される）

他にもいろいろありますよ。

　この英語設定のチャレンジは、あなたの周りに英語環境を作るためのものです。この設定は皆さんにとって、大きな第1歩となると思います。

アンドロイドでもPCでもできますよ

　グーグルのアンドロイドを搭載したスマホも、iPhoneとほぼ同じことができます。また、普通のパソコンでも、英会話やり直しに活用できるのです。

　また、パソコンの場合はWindows10だとCortanaというSiriに相当する総合アシスタント機能があります。読み上げ機能は「Text to Speech」（テキストを音声に変換するソフト）とも言います。アンドロイドのスマホも一緒ですね。機種によってはちょっと違うかもしれませんが、簡単に設定できるはずです。グーグルやマイクロソフトは英語と日本語での充実した技術サポートを提供しているので、困った時にはサポート窓口に相談してみましょう。

リアルな英語の内容

　日本で作成された英語、日本人が英語化したものには、「本物の英語ではない」ものが多く存在します。これが問題です。それは、あくまでも日本人のために作られた英語であって、ネイティブ向けに作られた英語とは異なります。

　日本語と英語では、文化と言語の成り立ちの違いがあるからです。日本語の文章をただ英語化しただけでは、ネイティブにとっては意味が伝わらないのです。そうです！　英語で書かれていても、ネイティブに伝わるとは限りません！驚くかもしれませんが、実は日本人にしかわからない不思議な英語だってあるのです。

　では、どのような文章がネイティブの英語かと言えば、それは英語ネイティブによって書かれた文章です。え？　当たり前だろうって？　でも、その当たり前の英語を日本で見つけるのはとても難しいのです。公共施設、公共交通機関、地図、施設や企業案内……日本には、ネイティブにとって「不自然な英語だ」と感じるものがあふれています。

だからこそ、あなたが外国人とちゃんと英会話したいのであれば、ネイティブの英語に慣れましょう。その第1歩は、スマホを英語設定にすることです。

選択はあなた次第！

アプリの内容はなんでもいいです！　暇つぶしに使っているゲームのアプリ。旅行口コミアプリのTripadvisor。あらゆる用途のアプリを、可能な限り英語設定で使いましょう。そうしていると、自然と英語で時間を費やすことが増えていきます。毎日のスマホ使用時に、英語に慣れ親しむことができるのです。その上、実際に使える英語、いつか役に立てたい英語の勉強にもつながります。

友達とのやりとりにも英語を使いましょう。世界に進出しているLINE（ライン）やFacebook Messenger（フェイスブック・メッセンジャー）も英語設定にすれば、本来の機能を果たしながら、知らないうちに英語コミュニケーション関連の言葉を覚えられるでしょう。

アップル、フェイスブックなど、英語圏の企業が開発したアプリなら、間違いなくネイティブの英語で書かれています。これらのアプリを利用して、ネイティブ向けの英語で学んでみましょう。

ゲームでも有意義な時間を！

大人気パズルゲームの『キャンディークラッシュ』も英語版で遊んでみるといいでしょう。英語版のゲームで勝利したり、惨敗したりする。ただ、ゲームで勝っても負けても、遊んでいるうちに英語のレベルアップは達成しています！　つまり、点数で負けても、英語学習では勝利になります！

簡単に楽しめる英語版ゲームなら『テンプルラン』、英語中級の方には『ドラゴンクエスト』や『ファイナルファンタジー』もおすすめです。

最近、欧米でも大人気を博している『ねこあつめ』、実は英語ネイティブによる監修により、すばらしい英語版が出ています。

もちろん、日本の大手ゲーム会社による作品の英訳のほとんどは良質ですが、

製作者や作品によってはあまり流暢でない英訳になっている場合もあります。

ただし、ゲームで遊ぶ場合は英訳の質を問わず、読者の皆さんのスマホを完全に「英語環境」にすることに価値があります。

スマホで音声入力チャレンジ！

グーグル マップにチャレンジ！

　いきなりアプリを英語で使っちゃうのは…なんか不安、と思われていますか？　大丈夫です！　とても簡単ですから！

　もし困ったことになっても、システム設定を日本語に戻せばいいだけです。文字以外に変わりはありませんから。

　とても使いやすいアプリの使い方から入りましょう。皆さん、Google Maps（グーグル マップ）を使ったことはありますか？　自分が行きたい場所の確認、住所調べ、道案内までしてくれる、とても便利な地図サービスです。しかも、iPhoneでも、アンドロイド・フォンでも、パソコンでも無料で使えます。

　本書では、iPhoneアプリで説明します。iPhoneのシステム設定を英語に変えると、アプリも自動的に英語に切り替えられます。この点はアンドロイドのスマホでも一緒です。

　ただし、パソコンのサファリのようなブラウザーの場合は、変更の設定などがもうちょっと複雑です。何を言っているのか意味がわからない！　と思われる読者は、ブラウザーのサポート窓口に相談してみましょう！（しかも英語でがんばってみよう！）。

　では、チャレンジ開始！

　最初のチャレンジは「英語で近くの郵便局を見つける」にしてみましょう。

　iPhone内にGoogle Maps（グーグル マップ）アプリはありますか？　なければ、App Store（アップストア）から取得しましょう。アプリ取得方法に不慣れな読者さんがいるかもしれないので、詳しく順番にご説明しましょう。

　まず、アプリをApp Storeからダウンロードし、起動してみましょう。

1．Google Mapsをダウンロードします。App Store > Search > Google Mapと文字入力 > Search > Getをタップ
2．Google Mapsをタップします。

ほら！　アプリが表示されたでしょう？　アプリ名が見えていますか？

　これから基本設定の場面が出てきます。英語なのでちょっと不安、と思われるかもしれませんが、大丈夫です！　細かいことはあまり気にしないでチャレンジしてみましょう。設定上どうしてもわからないときは、アップルやグーグルのサポート窓口に聞けば良いだけのことです。やる前から不安をつのらせるよりも、冒険心を大きく育て、前に進んでみましょう！

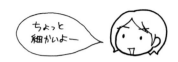

1. Welcome to Google Maps（ようこそ、グーグル マップへ）の後の小さな文字。これは人によってプライバシー設定が異なるでしょう。肝心なアプリ操作は、ご自身のお好みでカスタマイズされたGoogle Maps作りに賛同をされる方はチェックマークをそのままに、特に興味のない方はチェックマークを外してAccept&Continue（承認&続ける）をタップします。

2. Googleのアカウントをお持ちの方は、Continue as（あなたのアカウント名を入力して）をクリック。アカウントがない方はSkipをクリックします。

3. Allow "Google Maps" to access your location while you use the app?（グーグル マップがあなたの現在地にアクセスするのを許可しますか？）と、表示がされていますね。私の場合、現地の位置情報を確認しながら行き先の地図を見たいので、Allow（許可）を選択します。それが嫌な方は Don't Allow（許可しない）を選択します。

　さて、グーグル マップは見えましたか？　現在の位置が青いドットで表示されているのが見えますね。では早速、行きたい場所を見つけましょう！「最寄りの郵便局」は英語でなんだっけ。あ〜あ、英語はやっぱり難しいな。やり直し英会話をやめてマンガでも読もう……と思っているあなた、ちょっと待って！　考えすぎですよ！　スマホは名前の通り「スマート（賢い）」な端末機器なので、意思が伝わる最低限の内容を伝えるだけでいいのです。だから英語で郵便局の「post office」だけで十分です。それを英語で入力して、Search（検索）を押そうじゃありませんか！

　はい！　出ました！　思ったよりもシンプルな操作でしょう？　郵便局以外の検索にも、最寄りの映画館（movie theater）、寿司店（sushi restaurant）、遊園地（amusement park）なども、簡単に素早く地図の情報が出てくるのが、このアプリの特徴です。

　しかも！　どこにいても、同じ手順で検索ができますよ。隣の都道府県でもそう！　アメリカでもそう！　南極から一番近い遊園地を探すこともできます（実際には、最寄りの場所がかなり遠いと思うけど、ちゃんと出ますよ）。

グーグル マップ+音声入力

　続いて追加チャレンジに突入！　テキストをタイプ入力ではなく、音声入力でも情報が見つけられるようにがんばりましょう。そう！　Siriと同じように、グーグル マップは声でも文字を入力ができます。検索テキスト欄にマイク印が見えますか？　これは「声の検索もOKだ」という意味です。マイク印が見えない場合、設定の手順は以下の通りです。

1. 画面右上のマイクのマークをクリックしましょう。また説明が出てきました。Start using Google Maps voice search. Open Settings > Privacy > Microphone > Google Maps and turn on the microphone.とあります。OKをタップします。

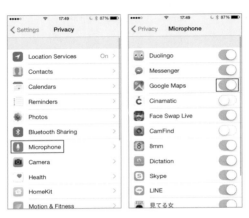

2．上記の説明通り、onの状態に切り替えます。

3．Google Mapsへ戻りましょう。

4．もう一度、Microphoneマークをタップします。

新しい画面が出ましたね。

では検索に移りましょう。今から、私と一緒にバーチャル旅行をしますよ！
荷物は携帯１つでLet's go!（さあ、行きましょう！）

まずは、Google Mapの右上に出ているマイクをタッチ。次に、スマホに
向かって、「Disneyland」（ディズニーランド）と言ってください。

　なるほど、地名が全部英語表記なので、英語圏のどこかのディズニーランドのようですね。画面をズームしてみるとアメリカ西海岸だ！　カリフォルニア州のディズニーランドです！

　あれ、ディズニーランドってフロリダ州にもなかったっけ？　違う違う！それはDisney World（ディズニーワールド）ですよ。では、そっちにもiPhoneで行ってみましょう。また画面上のマイクをタッチ！　次に「Disney World」と言ってみましょう。さて、地図に変化は見えますか？　変化した方は、画面を見ると……フロリダ州だ！

　うまく表示できなかった方は、発音をいろいろと試してみましょう。どうしてもうまく行かない場合は、スペルで1字ずつ発音してもOK！　そして、ひと休みも忘れずにね！

　もう少しがんばれる方は、以下の場所の検索はどうでしょう？

5．行きたい場所を英語発音で言いましょう。例えば、こんなのはいかがですか？

a．Apple Store（アップルストア）

b．Seven-Eleven, Tokyo（東京のセブン・イレブン）

c．Times Square（ニューヨークのタイムズ・スクエア）

d．Hollywood（ハリウッド）

このように音声アプリを使うだけでも、どのように話せばアプリが反応する
のか、英語発音を意識し始めるでしょう。最初はとても難しくて、うまくいか
ずにがっかりすることもあるかもしれません。でもあきらめないでください！
何度やっても変わらないのであれば、Googleで英語音声を聞いて、できるだ
け本来の英語の発音に近づける練習もできるのです。

　テキストの入力方法は、手動入力でも音声入力でもかまいません。グーグル
マップで目的地が見つかったら、早速、道案内をしてもらうといいでしょう。
グーグルの地図を見ながら、左折「turn left」、右折「turn right」などの英語
案内に従いながらバーチャルな旅行が楽しめます！　こうしたiPhoneを使っ
た練習は、海外旅行に行った時の予行練習にもなりますね。

英語について知りたいことも、すべてグーグル

　Google Mapsの他にも、Googleで便利にできることは山ほどあります。
何でも検索できるGoogleは、検索機能がホームページ内にも設置されていま
す。

　英語の文法、語彙、単語などを調べるには、まずGoogleを使ってみましょう。
しかし、日本語で調べるのではなく、英語でね！　英単語の意味がわからない
場合は、Googleに「単語　meaning」（意味）を入れてみましょう。例えば、
“eat　meaning”でsearchボタンをタッチします。すると、検索結果の一番上
にeatの意味が英語で説明されます。それでも表示されている説明の意味がわ
からない場合は、「単語　英語」などと入力してみます。先ほどの例の場合
eat 英語となります。すると、今度はちゃんと翻訳結果が出てきますよ。

　では、もう少しレベルアップ！　例えば、a an the how to use（冠詞のa、
anとtheの使い分け）、How to ask directions in English（英語で道の尋ね
方）、Plural meaning（複数はどんな意味）などと検索項目を入れて検索して
みると、英語圏のいくつか（あるいは何百万の！）ウェブサイトが出ています
ね。Googleには知りたかったことを英語のままで学び、直感的に覚えるクセ
を身に付けるチャンスが転がっています。

もし、英単語がどうしても検索結果に出てこない場合も、Googleは使えます。日本語の言葉と同時に「英語」または「英語　スペル」を入れると見つかるでしょう。例えば、「時差　英語」、「パフェ　英語　スペル」の検索してみれば気になっていた「あ〜なんだっけ！」と思う英単語が表示されるはず！

　グーグル翻訳はウェブでもアプリでも、いつでも私たちの味方です。個別の単語や文章から、ウェブページやドキュメントまで、機械翻訳では知ることができない英語を調べて読み上げてくれます。完璧な翻訳ではなくても、何についての話なのか、趣旨を理解するには十分でしょう？

ウィキペディアも使ってみたら？

　英語で関心分野や興味のあることを読む場合、誰でも編集に参加できる百科事典ウィキペディアがあります。例えば、Googleの検索で「（興味がある）内容　Wikipedia」と入力すると、検索結果の最初にWikipediaで紹介されている、あなたの興味がある内容が説明されているでしょう。サイトをクリックすると、あなたの検索した興味のある内容がすべて英語で説明されていますよね。この説明はちょっと複雑かな…と面倒に感じてしまった読者は、違う言葉で検索してみるのも良いですね。

　ウィキペディアの英語サイトに行くと、Googleを使わずに直接検索できます。ここで言語学習を大きく助けてくれるポイントを紹介します。実は、日本語と英語を含めて、ウィキペディアの見出し語は、様々な言語のバージョンがあります！　例えば、日本語で記事を読んでいる時、ページの一番下まで見に行くと、「Read in another language」（他言語で読む）と表示されています。Englishにすると、英語版で読むこともできますよ。

　あなたが興味のあることを英語で検索する方法は、まだまだありますよ。Googleの検索欄に、「Simple English（あなたの興味のある）内容」で調べてみましょう！　すると、英語学習者向けの「シンプル英語版」の説明がされているウェブサイトの検索結果が出てきますよ！　では例をあげてみましょう。私の大好きな「Simple English pizza wikipedia」で検索します。普通の英語ウ

ィキペディアの説明よりも、もっとわかりやすい記事が出てきましたね！Googleの検索結果に、見出し語が必ずあるとは限りませんが、anime（アニメ）、sushi（寿司）、robot（ロボット）などの代表的な言葉の場合、見やすい検索結果が表示されます。

　100％ではないけれど、英語の記事が存在する場合、その内容の英語版ページにも一気にワープできます！　ウィキペディアの他の言語版は統合されていないので、完全な対訳にはならないけれど、大筋の内容は似ていると思われます。この機能の便利なところは、逆検索もできることです。例えば、「宮﨑 駿」を日本語版ウィキペディアで探してみましょう。そしてメニューから英語を選ぶと、英語の「Hayao Miyazaki」と説明されている記事もありますよ。英語版記事が出る人ほど、世界では人気のある人物なのです。

言語習得のアプリもありますよ

　スマホを使って積極的に語学勉強をしたいですか？　そう思っているなら、今すぐ英語学習アプリをダウンロードしましょう。英語学習アプリは日本でもたくさん制作されていますね。でも、私は、国際的に使われている学習アプリを皆さんにおすすめします。例えば、無料アプリ『Duolingo』はいかがでしょう。スマホ版に限らず、パソコンからでも学習ができるホームページ版もありますよ。なぜこのアプリをすすめるかって？　楽しく勉強できるからです！ゲームを楽しみながらレッスンに挑み、自分に合ったレベルで勉強ができるのです。しかも勉強している言語を、合成音声で読み上げてくれるのですから。何度も聞いてくるうちに耳が慣れてきます。無料だから、すぐに気軽に登録して、いつでもスタートできますね！

Duolingo

英語辞典を駆使しましょう！

　英語学習者向けアプリ以外にも、英語ネイティブの人が愛用している人気アプリも見過ごすわけにはいきません！　例えば、アメリカやイギリスで権威のある英語辞典『Merriam-Webster Dictionary』のアプリを見てみましょう。有料版だけではなく、無料版もあります、ですって？　多くのネイティブも利用する、実用的で役立つこの辞典アプリを、今すぐダウンロードしてみましょう。英単語の定義、発音、例文はもちろんのこと、カタカナ英語を使わずに「英語で英語を学ぶ」機会を与えてくれる貴重なツールです。徹底的に使ってみましょう。簡単な単語の辞書を引くことだって、意味が日本語でわかってはいても、その単語を英語で説明するのは難しいことがありますよね？　でもこれを読めば、英単語を英語で説明することができるようになります。だんだんと楽しく読めるようになってくるはず！

Merriam-Webster

曲名を探すアプリ

　何でも楽しく、何でも英語で！　クラブで、レストランで、バーで流れていたあの英語の歌をもう一度聴きたい時もありますよね？　再生された曲を自動的に認識できるアプリ『Shazam』の英語版をダウンロードしてみましょう。『Shazam』は再生されている曲の旋律と歌詞を認識して、データベースで調べた結果や曲名を即座に表示してくれます。英語でアプリを使用して、英語で歌を鑑賞しましょう！

Lyrics（歌詞）をGoogleで

　歌のタイトルを知っている場合、グーグルでその曲名を入れましょう。例えば、「Thriller」（スリラー）「Michael Jackson」（マイケル・ジャクソン）と「lyrics（歌詞）」を入れてみましょう（Michael Jacksonを入れないと、本や映画等のジャンルとしてのスリラーとGoogleは勘違いして調べてしまいます）。歌詞がゆっくりと読めるページがいくつか出ましたね。そして、日本語で「意味」を入れると、日本語の歌詞が英語と並んで読めるページが出ますね。Googleとアプリを一緒に使うと機能を総合的に活用できて便利ですね！

インターネット放送

　通勤、通学時に、ゲームでスマホをいじっている余裕はないかもしれません。でも長旅や作業の間に、ただ何かを聞きたくないですか？　そんな皆さんには、英語のポッドキャストやインターネット放送をおすすめします。アップルのアプリでは、簡単にポッドキャストのダウンロードや再生ができます。スポーツ、芸能、政治、経済、科学、文化、歴史など、自分の趣味や興味に合った内容のポッドキャスティング番組を探してみましょう。1回聞くだけでもいいですが、定期的に興味のあるポッドキャスティングを聞いてみてもいいでしょう。本の内容を楽しみながら、ネイティブの発音の聞き取り練習にもなる！　便利な世の中になりましたね。

　時事問題の英語ニュースもお忘れなく！　幅広い英語圏のリスナーをターゲットにした上手なアナウンサーの英語発音を聞いてみましょう。日本でも放送されているアメリカの非営利・公共ラジオNPRは無料のニュースアプリを提供しています。イギリスの英国放送協会（BBC News）アプリもありますよ。日常生活で役立つニュースで、ネイティブの発音を聞く能力を鍛えられます。もちろん、スマホだけではなく、パソコンでも聞けます。そもそも日本人向けではない放送であり、英語ネイティブ向けの内容だから、とても自然な英語に慣れることができますよ。

AppleのPodcasts

動画を見るならYouTube

　忘れてはならない強力な味方、YouTube（ユーチューブ）。ネイティブが制作した英語ネイティブのための英語動画が、YouTubeにはあふれています。どんな話題でも、検索すればいろいろと動画が出てきますよ。「Godzilla」（ゴジラ）でも「Brad Pitt interview」（ブラッド・ピットのインタビュー）でも「What does Central Park look like?」（セントラルパークはどう見えますか）なども、検索したとたんに動画が出てきます。

YouTube

動画配信サービス：Netflix(ネットフリックス)

　あなたの好きな外国ドラマ、映画、ショーを手軽にスマホで観てみましょう！完全にアメリカ企業が運営する有料サービスだから、本物の英語学習にとても有効です。設定を英語にすると、英語ネイティブが見ている画面と同じ表示が見られます。音声は、日本語か英語を選択。もちろん英語ですね。字幕は、英語、日本語、韓国語、字幕なしの４つから選択します。

iTunesでテレビ番組と映画

アップルのiTunesは音楽だけではないですよ。テレビも映画も購入したり、レンタル視聴できます。購入するのなら、吹き替えではなく、必ず字幕版を購入しましょう。できればネイティブが鑑賞しているように字幕なしで鑑賞したいですが、たまに字幕をちらっと見るのも、勉強になるかもしれません。

英語のゲーム

先述の通り、スマホで様々な英語ゲームができます。ゲームが好きな読者さんたちに私の（英語がよくできている）おすすめのゲームリストを共有します。

Monument Valley（モニュメントバレー）、Alto's Adventure（アルトの冒険）、Badland（バッドランド）、Super Tribes（スーパー・トライブズ）、Pinball Arcade（ピンボール・アーケード）、Plants vs. Zombies（プラント vs. ゾンビ）、Angry Birds（アングリー・バード）、Fruit Ninja（フルーツ・ニンジャ）、Carcassone（カルカソンヌ）などの英語版ゲームがあります。

日本製の英語ゲームならNeko Atsume（ねこあつめ）、Final Fantasy Series（ファイナル・ファンタジー・シリーズ）、Dragon Quest Series（ドラゴンクエスト・シリーズ）、Kairosoft（カイロソフト）社で作られているゲームなどは、英語ネイティブの目線で見ても英訳がすばらしいと思います！

練習道具を備えて、自分に合った練習に取りかかろう

英語練習に役立つツールは、思いがけないところにあります。ちかさんの愛娘・スーちゃん（中学生）の例を取り上げましょう。学校からスーちゃんに英語の宿題が出され、英語で5つの文章を書くことになりました。

スーちゃんは日本語の原文をGoogle翻訳に入力、彼女の文章はすぐに英語に翻訳されました。Google翻訳には優れた読み上げ機能も付いているので、言いたい英文をどのように発音すればいいかも、簡単に理解ができました。

スマホで何かを調べるのは誰でもできることです。事実、現代の子どもたち

はハイテクを駆使することに、大人より優れている感覚を持っている子どもが大勢いますよね。大人にとって新しいスマホやパソコンでも、子どもたちにとってはこれらのアイテムは生まれる前からあるもの。スーちゃんも、まさに現代の子ども。テクノロジーを駆使しながら、自然に英語を覚えています。お母さんから英語をまったく教えられることもなく！

　もちろん、スーちゃんの例は、完璧ではありません。Google翻訳には、間違いもたくさん見られますから。Googleの機械翻訳では、不自然な文章になってしまうこともあります。コンピューターが自動的に翻訳した仕事だからです。機械に文章の読み上げをお願いしても、すべての文章を完璧に話すことはまだできません。特に英語と日本語の言語構造がだいぶ違うので、翻訳が完璧とは言えないのです。

　すべて完璧な方法で、練習することはできないのです。だから、自分に合う練習を見つけ、その練習をたくさんすることが重要なのです。英語ネイティブであっても最初は練習が必要です。ネイティブの人たちでさえ、コンピューターの英語学習道具を必要としています。ネイティブでない日本人にとっては使いづらいかもしれませんが、英語ネイティブも使う同じ学習道具を使い続けることで、英語は必ず上達します。

　次章では、本物の英語の見つけ方をより詳しく探っていきます。

第2章のまとめ

●スマホやパソコンを使えば、ひとりで英会話のトレーニングができます。まずは、音声入力を使って、自分の発音を確認しましょう。

●テキスト読み上げ機能を使って、聞き取りの練習にも活用しましょう。

●スマホの言語設定を英語にして、どんどん英語環境に慣れていきましょう。

●動画や音声の配信サービスも活用して、積極的に英話に接する時間を増やしていきましょう。

第3章

好きなことを英語で

英語環境のつくり方

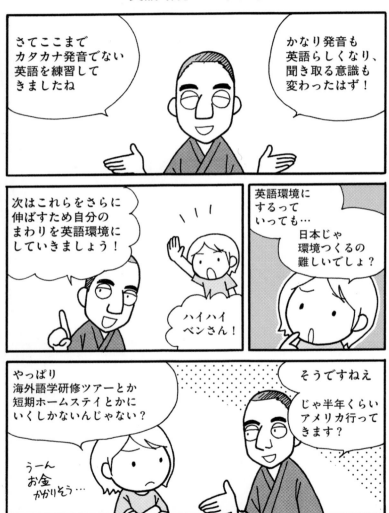

半年?!
いやそんな
長くは時間
とれないよ。
2週間くらい
とか…

そっか

外国に実際に
行くのは短くても
とても有意義な
体験ですが

どう
生かすかは
本人しだい
ですね

以前タイ式マッサージを
習うためにタイに
行ったんですが

へー!
あいかわらずの
行動力だね

日本人が集団で来てたんですが
ずっと日本人同士でかたまって、
日本人の先生のところにいる

せっかく本場でタイの先生に
教わるチャンスなのに!

他に来てたイタリア人や
中国人はタイの先生の
片言英語で教えてもらって
ましたよ!

あ〜
なんか
想像
できる…

そのうち私が日本語が
できるとわかって

ごめんなさい

いいえ

あっ
I'm sorry.

大丈夫
ですよ

時々誘われるように
なったんですが

ベンさん
一緒に飲み
ませんか

もちろん
日本語

ベンさんは
本当に日本語
お上手ですね

そうですか
ありがとう
ございます

私たちも
英語を話せるように
なりたいよね

ねー

どうしたら
英語話をせるように
なりますか?

ここ外国
だよー?!
日本じゃないよ

Why
Japanese
people?!

外国人に
囲まれてる
よ!?

話して
みれば、
英語で!

せっかく外国に来たのに
日本にいるのと同じ!
これでは意味が
ないです

本気で何か
身につけたいなら
1人で行動しないと

なるほどねー

でもベンさんも
アメリカで
日本語サマースクール
行ったんだよね？
まわりはアメリカ人
ばっかり
だったでしょ？

あー

あれは地獄の
合宿でした…

その施設内では
日本語以外
禁止！

うっかり一言でも
英語話したら
警告2回で退学！

英語
使ったな！

コルシテクダサーイ

ひゃー

寮でも
インターネットや電話も
日本語じゃなきゃダメ！
24時間日本語漬け

課題もいっぱいあって
脱落する人もいましたよ

修行
ですね

スゴイね…
徹底してる

それだけやれば
ベンさんみたいに
上手くなるね

もちろんその合宿も役に立ちましたが

私の日本語力をきたえてくれたのはほとんどコレ！

日本のマンガ・アニメ・ゲーム！

そうでした

生きた日本語はほとんどここから学びました！

そうだよねー。そもそもベンさんは日本のマンガをもっと読みたくて日本語を学んだんだよね

そうです！アニメもゲームも必死で聞きとりましたよ！

フジサキシオリ〜

「好き」という気持ちは何よりの原動力なんです！

たしかに
何事もそうだね

自分に興味のない話
講義されてもあんまり
耳に残らないもんね

そうです！
「好き」「おもしろい」が
なければ効率は
何倍も落ちます

だから
好きなことで
英語の環境を
つくる！

政治に興味がなければ
大統領のスピーチを
聴いて勉強しなくても
いいんです！

Yes, we can.

マンガ

好きなこと
か…　　う〜ん

むかし　映画
『サウンド・オブ・
ミュージック』が
好きでセリフ
覚えるくらい
見てた！

いいですね！

ほかに今
外国の情報
などで興味の
あることは？

トンネルを抜ければ、そこは英語圏である

　あなたはもう、すでに英語環境に囲まれていますよ。

　読者の皆さん、もう気づいたでしょう。英語の上達には、必ずしも先生は必要ありません。留学も必要ないのです。一番必要なのは「関心」です！
「関心」と「やる気」さえあれば、英語学習ツールを探し出せます。そして、あなたは、すでに英語学習ツールに囲まれていることに気付くでしょう。

　そういった英語学習ツールの多くはご自宅にあります。例えば、スマホやパソコンのアプリやソフトです。その多くが無料です。そして、すぐに入手できます。

　私が学生の頃は違いました。今ほど簡単にツールが手に入らなかったのです。しかし、現代の日本は違います！　インターネット、スマホ、2か国語テレビ放送などで、世の中が変わってきました！

　つまり、英語圏の人とまったく同じように英語が学べる環境を整えることも可能なのです。

　アメリカ人と同じように、ネットでハリウッド映画が見られます。

　ネイティブとまったく同じように、ネットで英語記事も読めます。

「日本人向け英語」は使えない

　英語を勉強する時、あなたが興味を持つものであればどんな教材でもOKだと思います。ただ、1つだけアドバイスがあります。それは、**ネイティブ向けの「自然な英語」が使われている教材**であるかどうかをチェックすることです。

　英語ネイティブが作った、英語ネイティブのための自然な英語で書かれている教材を使えばいいのです！　英語ですべて書かれているテキストや、英語圏で主催されていて、海外の多くの大学や大学院で採用されているTOEFL受験も効果的でしょう。日本人向けの「英語例文より日本語説明が長い」テキストや、日本人しか受けない英語テストは、もう卒業しましょう。

　教科書や英会話習得本を読むよりも、自分の興味のある書籍や動画を、その

ままの英語で読んだり聴いたりした方がずっと楽しく、自然に学習ができるはずです！　学校が好きな人はいるかもしれないけど、言語学習のための学習、または受験勉強みたいなものを純粋に楽しめる人はほとんどいないと思います。具体的に何かをできるようになりたいという、目標があるからこそ勉強しようと思うのでしょう。

　大好きな歌手の英語の歌詞を知りたい。そのために英語を勉強すれば、歌詞の意味が明らかになるのです。私のようにゲームを日本語で学ぼうとして、言語を勉強したように。そうすれば、英語ゲームで、英語を使ってモンスターを倒せます！　その気さえあれば、何でも英語学習につながっていくと私は信じています！

大統領の英語より自分の英語

　アメリカ大統領の就任式が行われる度に、日本の書店には新しい書籍展示スペースができます。その展示書籍は、なんと新大統領の就任演説の完全解説書です。就任演説のすべての文章が書いてあります。また、その書籍には対訳の日本語も書かれています。

　政治家が政治家のスピーチを習いたいなら、最適でしょう。大統領をめざすなら、大統領の演説はとても役に立つでしょう。

　例えば、ケネディ大統領、最近で言えばオバマ大統領。スピーチがとても上手な演説者だと思います。でも、彼らのようなスピーチの口調を日常的に話す人は限られていますよね？　皆さんは、大統領になりたいのでしょうか？　もちろん、そういう人なら大統領のスピーチ集の勉強はマストです！

　では、一般的な英語ネイティブのように話したい場合は？　それは一般的なネイティブのような話し方から学んだ方がいいのではないですか？

　私が最初に日本語を勉強し始めた時、日本の首相を手本にしたようなしゃべり方はしませんでした。日本の普通の高校生のようにしゃべれるようになりたかったからです。だから『きまぐれオレンジ☆ロード』など、同じ世代の主人公が活躍するアニメをたくさん見ました（＝学びました）！

　私のお伝えしたかったこと、おわかりいただけたでしょうか？

　有名なオバマ大統領が話す立派でていねいな英語を勉強した方がいいと思う読者もいるかもしれません。一番有名な先生と勉強した方がいいと思う読者もいるでしょう。でも、本当に英語が読めるようになりたい、英語を話したいのであれば、自分の興味のあることを英語で習得すればいいのです。

関心から行動へ移そう

　もう少し付け加えると、すでに問題なく読める英語を、練習のツールにはしないでください！　まだまだ理解できない（でもすごく理解したい！）ものを繰り返して読み続ける方が上達ができます。自分がとても興味を持っているものを、楽しみながら、経験を積んでいけばいいのです。

　英語学習は、ある意味で武道習得のようなものだと思います。あきらめずに修行を続けることで、上達につながります。もちろん、最初から自由自在に武道のワザを使いこなせる人はいません！　でも修行によってできるワザが増え、武道を楽しいと思えれば、今はできないワザがあったとしても心配しないでしょう？

　しつこいかもしれないけれど、それはあなた次第です！　あなたが好きなものなら、なんでも良い教材になります。

　世界のファッション・トレンドに興味がある？　では、ファッション雑誌『Vogue』などを購読しましょう！

　現代アメリカ社会ももっと知りたい？　それなら新聞『USA TODAY』や雑誌『Time』がありますね。

日本はどのように外国人に見られているのかが知りたい？　それなら、『The Japan Times』（ジャパン タイムズ）などのネイティブ向けの英語新聞が最適です。『Time Out Tokyo』などの英語フリーペーパーもおすすめです。

国際経済に関心や心配がありますか？　では、雑誌『Economist』を読みましょう！

応援しているスポーツチームの試合結果を、誰よりも早く知りたい？　それなら、インターネットやアプリで、ストリーミングやラジオによる放送を聞いたり、記事を読んだりしましょう！

人気の音楽、それとも昔の音楽を英語で聞きたいのなら、曲を購入したり、ストリーミングで自由に聴くこともできます。テレビ番組も今ではインターネットで観られるようになってきました。

英語で自分の興味に合った本が読みたくても、なかなか見つからない！　と思っているあなた。新宿に行ってみませんか？　タカシマヤ タイムズスクエアの紀伊國屋書店新宿南店６階（Books Kinokuniya Tokyo）には、輸入書籍が大変充実しています！　文学から雑誌や日本マンガの英訳まで、英語の本がいろいろありますが、共通点はただ一つ、英語ネイティブのために書かれた本がたくさんあることです。英語学習に取り組む読者に、役立つお店です。店員さんはいずれも切れ者でしかもやさしいです。探している本について気軽に尋ねてみてください。

この書店では、作家によるイベントやトークショーなど、ネイティブが話すイベントが頻繁に行われています。出席者は日本人や英語圏の人それぞれで、イベントが終わった後に交流会や意見交換する時間もあります。日本の大都会に本を通じた英語ワールドが存在するとは、とても喜ばしいことです。

関心がどこに向いているのかがわからない！

「ベンさんみたいな行動力がある人は良いけど、いきなり英語で雑誌を読めと言われてもねぇ……」

「だって、そもそも何に関心があるかわからないし」

そんなことを思っているあなた！　Don't worry!（心配しないで！）

　すべての人は、何かに関心があります。しかし、それにいきなり「気づけ！」と言われても、意識するのは難しいかもしれません。

　いわば完全に純粋な日本家庭で育ったにも関わらず、高い英語能力を習得した友人の例を紹介しましょう。インターナショナル・スクール通学はもちろんなく、２人とも日常が日本語中心で、地方の出身者。一体どのように勉強をしたのでしょうか？

　これだけは覚えていてください。彼らがやったこととまったく同じことをしなくてもいいのです。勉強のスタイルは自分次第です。また、私は皆さんにアドバイスをするという立場でコーチングしているだけです。大事なことを決めるのはコーチではなく、決めるのは選手、あなた自身です！

成功例その１──シゲキ君

　シゲキ君とは大学１年生の時からの友人です。アメリカで最初に出会った同い年の日本人です。ちなみに、私の初めてのホームステイ先は、鹿児島にある彼の実家でした。鹿児島弁がしゃべれず大変でしたが（詳しくは『日本のことは、マンガとゲームで学びました。』（小学館）、シゲキ君は英語も日本語も（そして鹿児島弁も！）話せたので、ホームステイを無事に終えることができました。

　アメリカの大学で留学生だったシゲキ君は、とてもすばらしい学生でした。生活費も含めた全額給付型の奨学金が与えられるほどの優秀な学生だったのです！　留学前からインターナショナル・スクールに通ってたんじゃないの？と思われるかもしれませんが、彼は公立高校出身。それでも、アメリカの一流大学で授業が受けられるほど上手な英語を話せていました。

　日本にいながらにして、なぜそんなに上達できたのでしょうか？　それは、自分自身の興味に忠実に学習をしていたからです。小学校に入る前から自宅で英語教育を受けていました。子ども向けテレビ教育番組『セサミストリート』

のビデオを両親が買ってきたのです。彼は『セサミストリート』の登場人物が大好きで、ビデオを何回も繰り返して観ていたのです。その結果、小学校に入学した頃には英語に対してまったく壁を感じることがないレベルになっていました。

『セサミストリート』のおかげで、子どもの時に英語の数字や色の言葉は学習できました。また、外国語と外国人という実在と概念を理解できていたのも大きなポイントです。外国人と友達になるには、その人たちの言語を学ばなければならない！　と、幼いときから英語を学ぶ理由がわかっていたのです。彼の通う小学校には英語の授業があったそうですが、英語の授業ではいつも優等生でした。

「友達を作りたいから！」

　小学生で英語を勉強する機会を得たシゲキ君は、とてもラッキーです。確かに、彼は運が良かったかもしれません。鹿児島大学教育学部附属小学校だったので、教育には少し実験的な取り組みがあったようです。同じクラスで、他の生徒も彼と同じように英語を一生懸命勉強していました。でも、結果として、シゲキ君だけが英語を流暢に話せるようになったのです。

　それは、外国人の友達を作りたいという関心があったからです。子どもらしい発想ですね！　こういった簡単な関心の影響力が大きいのです。シゲキ君いわく、その当時、多くの生徒たちは英語を使うことができれば、自分のできることが増えるということがわからなかったので、勉強しようとしなかったそうです。でも、シゲキ君はわかっていました。英語を知れば知るほど、もっと楽しいことができるということを！

　そして、校長先生が数人の生徒を対象にオーストラリアでの２週間のホームステイ・プログラムを実施すると決めた時、もちろんシゲキ君は参加しました。その当時、彼の英語は完璧だったわけではありません。オーストラリアのホームステイ先には、日本語が話せる相手がいなかったので、オーストラリア人の学生に理解されるように努力するしかなかったのです。本当に友達が作りたか

ったので、彼はその挑戦を続けたのです。これこそが「関心」の力です。

ビートルズ先生から学ぶ

　シゲキ君は英語の教科書にあきてきました。一方で、他の生徒たちが、学校の成績や受験勉強のために勉強していることに気づいていました。彼は、英語の教科書がとてもつまらなくて、非現実的なものだと思うようになりました。「This is a pen.」（これはペンです）、「I am a boy.」（私は男の子です）といった文章は学生たちの興味に応じたものではなく、英語文法を教えるための文章だったからです。実生活において、「I am a boy.」と言う必要はほぼ皆無でした。

　当時、シゲキ君は父親の音楽CDを聴いていました。父親は別に英語がしゃべれるわけではないそうですが、たまたま英語のCDアルバムを持っていました。シゲキ君が聴いてみると、歌詞から英語の文法が少し習えました。その後、ビートルズなど海外のバンドの歌を聴くようになり、歌詞を読むのが好きになりました。歌詞が彼の英語の教科書になったのです。

　イギリスかアメリカが好きだとか、そもそもどっちがイギリスのものでどっちがアメリカのものかとか、そんなことよりも、単に曲が気に入っていたのです。カーペンターズの曲が特に好きでした。また、『スター・ウォーズ』、『フォレスト・ガンプ　一期一会』といったアメリカ映画のビデオ鑑賞にもはまりました。同じ作品を、1回目は字幕付きで、2回目は字幕なしで繰り返して観ました。しかも、当時はVHSだったので、テレビ画面にテープを貼って字幕をかくして観ていました。だから、こうした鑑賞の仕方にあきることはありませんでした。

文法がわかりやすい『Yellow Submarine』

　曲を教材にすることは、語彙の獲得や聞く練習だけでなく、文法の勉強の向上にもつながりました。

　例えば、『Yellow Submarine』というビートルズの曲を、ご存じですか。

最初の歌詞は、「In the town where I was born, lived a man who sailed to sea.」（私が生まれた町に船乗りの男が住んでいた）になっています。文法的に理解しにくい文章だと言えるかもしれません。「In the town where I was born」（私が生まれた町に）の「where」が関係副詞で、「lived a man who sailed to sea」（海の男が住んでいた）の「who」が関係代名詞ですね。学校でこんな文法用語を聞けば、さすがに気がめいりますね。

シゲキ君は具体的に「文法用語」の意味を把握していませんでした。ただし、その歌詞を繰り返して聴いてきたので、シゲキ君はその文章の意味がわかりました。彼に言わせれば、「英語を自分のものにした。ビートルズで。歌詞を読んで。作られた英語ではない。生きた英語。本物の英語で」

英語が話せるようになった今でも、シゲキ君は、関係代名詞や関係副詞などの文法用語はよくわからないと言います。

学校の教科書では、「who」（誰）や「where」（どこ）を「疑問詞」として学びます。その後、「This is where I was born.」「where」を文章の途中に入れる「関係代名詞」の使い方を学びます。シゲキ君の記憶では「主語、動詞ではじまる文章の途中にwhereが出てくる。その後また主語、動詞と別の文章が続く」と学校で教えられたそうですが、正直言ってちんぷんかんぷんだったようです。

シゲキ君は幸運なことに、まずはつまらない学校の教科書ではなく、ビートルズの歌で楽しく英語を学びました。

セサミストリート、ビートルズから世界へ

シゲキ君はビートルズのことがもっと知りたくなって、ビートルズに関する本、歌詞の和訳が載った本を買い始めました。また、一緒にビートルズについて語ってくれる外国人を探しました。しかし、彼の地元ではなかなか見つかりませんでした。数少ない英語ネイティブとしては学校のALT（外国語指導助手）がいただけでした。周りの学生たちはなかなか先生に話しかけませんが、シゲキ君は積極的にALTと話そうとしました。例えば、文化祭の間はずっとALTと

話していたし、運動会の時もそうでした。そして休み時間にも。事実上の英語
チューター（家庭教師）がいたのです。

その後、シゲキ君は国際交流プログラムを調べました。高校生が一緒に寮生
活をして国際交流するプログラムを見つけて参加し、その後奨学金プログラム
にも申し込みました。アメリカの大学に行かせるほど大金持ちの家庭ではなか
ったそうですが、全額給付の奨学金を獲得して留学することになったのです。
すべての始まりは、彼の好きなテレビ番組『セサミストリート』やビートルズ
の曲だったのです。

あなたもシゲキ君のように恵まれています！

もちろん、シゲキ君をはげまし続けた両親は、彼にとって大きなサポーター
でした。小さな頃に『セサミストリート』を観る機会を与えてくれたのも役立
ちました。多くの日本人は、彼と同じ機会をつかめますよ！　強い関心や趣味
があればあるほど、その機会に囲まれていることに気づきます。今は、多くの
日本人が、子どもの頃に『セサミストリート』を観ています。インターネット
やYouTubeが普及している現在は、子ども向けの英語動画も見つけやすくな
りました。

Boys, be ambitious!（少年よ大志を抱け！）

たくさんの新しい機会も生まれています！　インターネットを通じて、全世
界の情報がすべて入手できます！　また、多言語社会が形成されている大都市
には、多くの外国人が住んでいます。

シゲキ君の言葉を借りると、「モチベーションと熱心ささえあれば、あなた
の環境はそんなに関係ない。そして今は、私が勉強した時よりもずっと楽にな
っている」です。

成功例その2──カイさん

第2の成功例は、私より10歳上のカイさんです。

ハーバード大学と同じアイビー・リーグ名門校ブラウン大学の先輩であるカイさんです。現在はグローバル企業に勤めており、世界で活躍しています。カイさんも、インターナショナル・スクールには通わず、名古屋の高校出身です。彼も、自分の関心を活かして自分のための英語学習カリキュラムを作り出しました。

　男子校に通っていたカイさんは、自分の限界を感じて、もっと広い世界との接点を探していました。ある日、『アウトサイダー』というアメリカの青春映画を見て、大人びた登場人物やアメリカの社会背景に興味を持ちました。そして、その原書を購入しました。それが、初めての英語書籍となりました。アメリカのティーン・エイジャー向けに書かれたその本を読み終わったカイさんは、2冊目として、もともと興味のあったコンピューターの黎明期について書かれた難解な英語の本を購入しました。スティーブン・レビー著『ハッカーズ』は複雑でしたが、内容に興味があったので最後まで読み切ることができました。もともとコンピューターや電子工作に夢中で、専門店に入り浸って、マイクロソフトのフライトシミュレーションなどで遊んでいたカイさんにとって、とても興味のある内容でした。

　その書籍を読み終わる頃には、コンピューターの販売店に展示してあった『ELIZA』という単純な人工知能とチャットするプログラムを使い、自分の入力した英語のテキストに反応させることができていました。コンピューターが自分の英語に反応してくれるなら、ネイティブとも会話できるのでは？　と彼は考えたのです。

自分の英語部屋を作る

「英語圏の幼児が最初に発話する前には、約3年間は周りの大人が話す英語を聞く」という記事を読んだカイさんは、自分も英語圏の幼児と同じような環境に置くことにしました。まず、インプットがなければアウトプットができないと気づいたのです。英語でラジオを聞いて、英語の本を読み、アメリカ人の子どもが使う教科書を使って勉強する。テレビは2か国語放送の英語音声で『フ

ァミリータイズ』のようなドラマを観る。字幕は見えないように画面の下をテープで覆う。知らない単語はアメリカ人の学生が使う英英辞典で調べる。

　カイさんはこうやって英語専用の部屋を作りました。本当に、アメリカの高校生の部屋のような部屋でした。テレビで英語の放送を観る、ラジオも英語のみで聴く。退屈しないように、ニュースよりもエンターテインメント系を中心に学習しました。

　もちろん、容易なことではなかったそうです。英英辞典で言葉を調べるには時間がかかったし、ラジオの英語放送を聴き続けるには努力が必要でした。

10代の男性の関心

　カイさんに10代の時に一番読んでいた本のジャンルを聞くと、成人向けのエロ小説だと笑って答えました。

　英語部屋用の本を買う時は、丸善の洋書売り場に行っていたそうです。英語雑誌売り場に行くと、アメリカの男性向けの雑誌『Penthouse』(ペントハウス)もあり、食い入るように読みました。基本的には成人グラビア雑誌でしたが、投書欄を読むのが好きだったのです。また、日本のエロ本よりも性に対して素直で、逆にいやらしさがないと感じたそうです。

　しばらく行っていると、エロ小説専用の売り場があることにも気づきました。写真はないけれど、色っぽい書籍だとすぐに見分けがつきました。

　思春期、特に10代の子どもの精神力は計りしれません。エロ小説の中身は、言い回しや語彙がわからなくても、描かれたシチュエーションが具体的で、経験はなくても、想像力ですぐに理解できたようです。文体は気取っていないし、読みやすい雑誌でした。人間の基本的な欲求とニーズを率直に描いた文体だからです。「健全な男性なら、1日に3編は読み切れるはず」とカイさんは言います。高校を卒業した頃のカイさんの本棚には無数のエロ小説がありました！(まじめな本も同じくらい読んだと本人は言っています)

　電車で日本の成人誌を読んでいるサラリーマンを気持ち悪いと思っていたカイさんですが、勝手なことに、同じ内容を英語で読む自分はちょっと知的でか

っこよく感じていたそうです。

ムラムラ少年からグローバルなサラリーマンへ

　カイさんの名誉のために言っておきますが、現在の彼は電車で英語のエロ小説を読むことはありません。名門大学の学位を取得後、世界を飛び回っています。彼がやったことはこれという特別なことではなく、自分の関心に従っただけです。コンピューターが好きで、エッチな雑誌を読むのが好きな少年が、自分の興味と、ちょっとしたこだわりを追求しただけです。

　いっぱい成人誌とかエロサイトを見ろとは言っていません。でもカイさんの場合はこういった自分の関心を、英語の本を読む原動力に転換したのです。それに、カイさんには自分のための英語環境を作る意欲がありました。男子校の狭い世界を脱出して広い世界を知るため、カイさんはがんばり続けました。これが個人的な探究心の力です。

成功例その3——ベンジャミン（自分）

　関心は強い味方です。

　きっかけは、日本語の授業を設けるようにアメリカの高校でお願いしたことからでした。

　正式に日本語の勉強をはじめたのは高校時代ですが、関心はずっと前からありました。

　それは、テレビゲームをやり始めた頃です。私が幼い頃、世間でも一番良いゲームとされていたのは、すべて日本製でした。でも、私は英語でゲームをプレイしていました。当時は日本語もまったくわかりませんでした。そもそも、日本という国（その国が外国ということ自体）も知らなかったほどです。

　でも、私は本当にゲームが好きでした！　成長するにつれ、英訳されていないゲームが、日本語でたくさん作られていることを知りました。ゲームが好きだから、単に英訳されたものばかりじゃなく、本気で、すべてのゲームをやり

たかったのです。ではどうしたらその野望を果たせるのか？　日本語を学ばな
きゃ！　だから、自分の通っていた学校に日本語クラスを開講してもらうこと
を考えました。

　アメリカ建国前のイギリス植民地時代に開校し、400年の歴史を誇る私の高
校は、以前は日本語の授業がまったくなかったのです。

　まずは、一緒に授業を受けてくれる生徒を探す必要がありました。そして両
親も納得させなければなりませんでした。当時の高校には日本語教師がいなか
ったので、電話帳を使って日本語教師を探し出しました。教師を見つけた後は、
週に何コマ授業を行うのか、成績評価方法など、学校といろいろと打ち合わせ
が必要でした。

　でもその時は、難しいとか、前例がないとか、そんなことをまったく考えま
せんでした。頭の中では「これでもっといろいろなゲームが遊べる！」とか、
「もっとマンガやアニメが見られるようになる！」という、オタクならではの
考えでいっぱいでした！

　現在、私は東京都中野区観光大使を務めていますが、中野在住のきっかけも
高校時代と同じでした。交通が便利で、通っている道場に近いという理由もあ
りましたが、「中野ブロードウェイの近くに住みたい」や「ニッチな文化が多
い中野に住みたい」という理由です。

　現在の自分があるのも、本当に興味のある教材で勉強した結果です。もちろ
ん、日本語ネイティブではないから、今も完璧には日本語を使いこなせません。
でも、日本語を自然に話すことができます。

　皆さんにお伝えしたいのは、英語を勉強する時は、具体的に目的をクリアし
て、そのことに集中すること。

　例えば、「アメリカでバイクに乗ってRoute 66（国道66号）で風になって走
る！」「世界中のビジネス大手の投資アドバイスを読む！」「日本に上陸する前
のハリウッド最新作を鑑賞する！」これらの目的はすべて可能ですよ。誰でも
目的がはっきりしていれば上達できます。目的から目を離さず、少しずつ進み
ましょう！

もしマンガとゲームが教科書だったら

　日本語でゲームをやる時は、理解しなくても楽しめました。『スーパーマリオ』
や『悪魔城ドラキュラ』のようなアクションゲームを日本語でプレイしても問
題ありませんでした。文章が多めの『ドラゴンクエスト』の場合は、わからな
い日本語の台詞(せりふ)が出てきても、理解できる戦闘シーンまで文章を読み飛ばした
こともありました。もちろん、すべての内容を理解できた方が良いでしょう。
今は以前よりも日本語の理解度も上がりましたので(エッヘン！)『ファイナル・
ファンタジー』をやると「あの時の意味ってこうだったの⁉」ということが増
えて、楽しみも倍増された気分になります。最初から全部が理解できなくても、
すべてを楽しむことが大事です。

　ちょっと変わった話をすると（私の話はちょっと変わった話が多いかな⁉）、
ポップカルチャーから語彙や文法を学ぶことで、風変わりな言語学習になりま
した。ファンタジー系のゲームを好んでいたので、「河童(かっぱ)」、「装備(そうび)」、「召喚(しょうかん)」
などはとても学びやすかったのです。侍が出てくるマンガの『子連れ狼(おおかみ)』には、
切腹する場面があったので、「解釈(かいしゃく)」よりも「介錯(かいしゃく)」という言葉を先に学びま
した。だから、その後の日本語の授業では、とても混乱しました！

効果的な英語勉強は「正しく」よりも「楽しく」

　もしかしたら、もう少しまじめな資料を使えば、今よりもていねいな日本語
を話せるようになったかもしれません。でも仮にそうだとしても、私はゲーム
の言葉でなければ、効果的な勉強ができなかったでしょう。私は首相のように
話せるようになりたいのではなく、ゲームで遊び、マンガを読みたかったので
す。

　そして、他人にすすめられるまでは、ポップカルチャーを研究するための奨
学金が出ることに気づきませんでした。当時の私は、単純に日本に住みたかっ
ただけでした。でもこの気持ちがきっかけで、日本で研究する機会を探した結
果、2007年から日本に住むことになりました。フルブライト・フェローシップ

奨学金を得て、１年間京都大学で研究し、その後は文部科学省奨学金を得て麻雀研究を続けることができました。

　だから、断言します。楽しく勉強すれば快適なだけではなく、効果的です！第２章のスマホ先生を活用して、自分の関心について学びましょう。「好きなことができる」が目的で、英語が必要道具でしたら、絶対に上達します。

関心に従いましょう！

　何を勉強すればいいかとよく聞かれます。しかし、これは本人にしか答えられないと思います。なぜか、それは聞き手の関心や楽しみは、本人にしかわからないからです。「これを知りたい」、「自分も同じように歌いたい」、「日々のニュースを英語で読めるようになりたい」、「国を代表するリーダーになりたいから、オバマの演説を勉強する！」など、様々です。素直に自分の関心に従って進めばいいのです。

ツールに囲まれています

　第２章でスマホの英語勉強法を話しました。この章でもっとパワフルなものについて語ります。パソコンです！　パソコンを用いると、すべてがパワーアップします。パソコン版には、スマホ版にはない充実した機能が様々あります。

　そして、もちろん、パソコンにはゲームがたくさんありますから！

　では、一番便利なパソコンの英語勉強ツールから試していきましょう。

Google上級技（虎ノ巻）

　Googleは単なる検索サイトではなく、英語勉強サイトとしても活用できます！　Googleを利用すれば、言葉の定義や意味を調べるのが楽になります。

　ある英語表現を引用符（" "）で囲んで調べると、その文字通りの検索結果をピンポイントで調べてくれます。

　つまり、大リーグのWorld Series（ワールドシリーズ）をそのまま入力すると、World（世界）とSeries（シリーズ）の２語に関する結果が出てきてし

まい、ワールドシリーズに関係のないものも多く表示されます。

　しかし、引用符を使った"World Series"と入力すると、World Seriesに関する結果だけが表示されます。

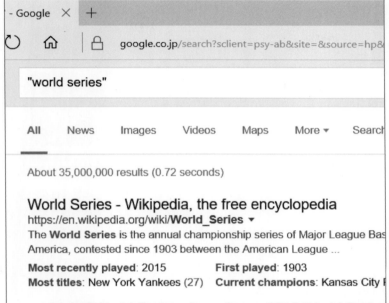

Google

　また、前章で書いてあるように、知らない言葉の後にmeaning（意味）、もしくはdefinition（定義）またはsimple explanation（簡単な説明）で検索をクリックすると、その定義や簡単な説明にあたるサイトも出てきます。

　あるいは、検索して、かえって意味がわからない言葉や説明をヒットしてしまうかもしれません。その場合は画像検索が役立ちます！　検索結果をAll「す

べて」からImages「画像」に替えたら、その言葉に当てはまる画像が出てきます。

GoogleのAll検索例　　　　　　　　　GoogleのImage検索例

　ただ、Google翻訳も、簡単な翻訳には便利ですが、まだ完璧ではないし、不自然なところも多いのです。しかし、辞書で調べるよりも速い場合もあるから、まずは試してみると良いでしょう。より正確な翻訳が必要な時は、以下のサイトをチェックしてみましょう。

翻訳サイトを使いましょう!

　書籍や電子辞書よりも、頻繁に更新されて、実践的な例文をたくさん取り入れた翻訳サイトを確認しましょう!　例えばALC（アルク、http://www.alc.co.jp/）という、無料のサイトがあります。

　また、Yahoo!辞書（http://dic.yahoo.co.jp）、Weblio（http://ejje.weblio.jp）といった和英・英和辞典も無料のサイトが提供されています。単語の意味を確認し、例文を参照するのに役立つでしょう。

　また、インターネットのコミュニティーを通じて英語学習をしたい場合、Lang-8（http://www.lang-8.com）を使ってみましょう。無料で登録できる多国籍のユーザー同士が互いに言語を教え合ったり、添削してもらったりする交流型の言語学習サイトです。勉強しながら友達もできるかもしれません。

Lang-8

英語字幕活用のコツ

　英語学習者にとって、映画・番組配信サイトのNetflix（ネットフリックス）の最大の強みは、異なる言語の字幕が存在することです！　例えば、アメリカに拠点を置くNetflixで見られる番組では、良い英語字幕を備えています！字幕とは言っても日本語を読むのではなく、英語の動画を英語字幕で観ることが効果的です。番組・映画鑑賞が趣味の人にぜひおすすめしたいです。それでは、字幕付きの映像をどのように使えば効果的でしょうか？

　アニメオタクの私の経験から言えば、楽しい番組を何回も繰り返して観ると効果が高いです。まずは英語音声と英語字幕で観ます。内容に慣れてきたら、日本語字幕に替えてもいいかもしれません。でも、何よりも原作の英語音声で聞くのはアクセントの勉強になります。聞く練習をしているから価値があります。しかも、動画は楽しいでしょう？　こんな勉強も悪くないと思います。

簡単に言うとこの順番です。

　①英語音声・英語字幕で観る。

もしわかりづらかったら、

　②英語音声・日本語字幕で観る。

でも、すぐ設定を戻してみる！

　③英語音声・英語字幕で、再度観る。

で、さらにマスターしたいのなら

　④英語音声・字幕なしで観る。

　Netflixでは、架空の日常生活を描いた『フルハウス』から、アメリカの人気政治ドラマ『ハウス・オブ・カード』まで、様々な映画やドラマが観られます。英語圏で人気の高い、もしくは昔から広く知られている番組も観られます。

　最後に、細かい設定ですが、せっかくですから、音声や字幕だけでなく、Netflixのインターフェイス（設定・表示言語）自体を英語に替えてみましょう。そうすると、ネイティブとほぼ同じ環境で英語のメディアを堪能<ruby>堪能<rt>たんのう</rt></ruby>できます。また、スマホの英語設定と同じように日常的に使うことによって設定の英語を覚えていけます！

YouTube上級技（奥義）

　前章で少し触れましたが、YouTube（ユーチューブ）をさらに効率的に使う方法があります。まずは世界的に人気を得ており、幅広い社会課題をプレゼンテーションする動画『TED Talks』（テッド・トークス）のYouTubeから始めてみるのはどうでしょう！

　どんなトピックでも良いですから、取りあえず『TED Talks』を１つを選んでください。もちろん、ここで観たり、聞いたりするだけで楽しい英語学習ができます。実はあまり知られていないYouTubeの奥義がここにはあります！動画の再生速度を調整できるのです！　え！　もっと早く言ってよ！　って？

あまり目立たない機能ですが、画面の右下にある歯車型の設定アイコンをクリックすると、Speed（再生速度）の選択肢が出てきます。そこを操作してみましょう。ゆっくり聞きたい場合は、デフォルトの1.0速度から0.5まで下げられます（0.25まで下げると音が出ない時もあるのでおすすめしません）。このスピードならば、1つ1つの言葉の発音と聞き取りに集中できます。なかなか便利でしょう？　私も小さい頃にVHSテープで見ていたアニメにこういう設定があればすごく助かったのに…

YouTubeの再生速度調整　　　　　YouTubeのTranscript（書き起こした英文）

　それだけではありません！　さらに同じ設定ボタンから、多くの動画にSubtitles/CC（字幕）の選択肢があります。これをオンにすると、英語を聞きながら英語字幕を読めるのです。（日本語の字幕が付いている場合もありますが、英語にしましょう！）これは役立ちますね！

　まさかと思われるかもしれませんが、さらにもう1つ上級技がありますよ！動画によりますが、設定の中にAnnotations（アノテーション）というオプションがあります。この機能を有効にすると、画面の右上に情報の"i"のアイコンが表示されます。その"i"をクリックすると、動画の言葉を文字に起こした記録Transcript（書き起こした英文）が見えます！　動画のタイミングに合わせて、区切りや段落ごとにていねいに表示されます。アノテーションや書き起こした英文のある動画をどんどん探してみましょう！

音楽も忘れず！

　iTunesやアマゾンを通じて世界中の英語の音楽がすぐ手に入るようになりました！　英語圏の音楽の日本版CDや海外版CDの輸出まで待たずに、インターネットで購入ができるようになりました！　聞いているだけで自然な発音が聴けます。また歌詞まで調べてみると、好きな歌の台詞の意味もわかってきます！

　私も日本を訪れるはるか前に、いつも聴いていた日本の音楽のおかげで、何となく日本人らしい発音はわかっていました。自分にとって発音しにくくても、言葉のリズムへの理解や聞き取り能力向上に貢献したと思います。しかも、インターネットなどで入手した音楽は、通勤や通学中に聴くだけではなく、自宅でも集中して聴けます。

　もちろん、インターネットの音楽だけではありません！　ディスク・ユニオンやブックオフなどの店では、海外のポップスからインディーズまで幅広いアルバムを売っています。こうした店で英語の音楽アルバムを探し出すのも楽しいかもしれません！　アメリカで日本ブームがはじまる前に私は、ニューヨークで日本語の音楽を売っている店を一生懸命探し、めでたく購入できたものを鑑賞していたものです。ですから、インターネットで楽に、それとも自分に合った探し方によって手に入れた英語の音楽を、楽しみながらの勉強を堪能できるといいですね。

オーディオ・ブック

　さらに聞き取り練習がしたい場合、スマホ、パソコン、CDプレーヤーで鑑賞できるオーディオ・ブックも使ってみましょう。ニュースやポッドキャストと同じように、わかりやすいナレーターによる本の朗読は英語の勉強に大いに役立つでしょう。これはアマゾンなどで簡単に購入できます。ダウンロードしておき、移動時にヘッドホンやイヤホンで、ゆっくりと聴きましょう。

ツイッターで、俳優やタレントと仲良く！

　一般人も超有名人も使っている短文投稿サイトTwitter（ツイッター）を皆さんは使ったことありますか？　日常のつぶやきや感想から宣伝まで、いろいろな形のコミュニケーションが可能になっています。世界中の人々とおしゃべりできるようになりました！　また、海外各国からの情報収集のために大変役立ちます。短文だから簡潔で読みやすい文章が多いので、英語初心者にとっても使いやすいですね！

　例えば、好きな俳優や作家に英語でツイート（短文メッセージ送信）してみてはいかが？　もちろん、世界中のファンからツイートをもらっている俳優があなたのメッセージを見る保証はありませんが、だめもとで送ってみても損はありませんし、万が一英語で連絡が取れたらうれしいでしょう？

Twitter

　英語の文章が完璧じゃなくても怒られることもないし、積極的に好きな人物を検索してメッセージを送ることを楽しみながら英語練習もできるのです。ブラッド・ピットなどの有名人にツイートしてみたらいかがでしょう？「英語でのコミュニケーションに努力した結果、ハリウッドのスターと仲良く話せたよ！」と誇らしげに言える日をめざして、ツイッターで投稿しましょう！

　もちろん、華やかなハリウッドに限った話ではありません。神奈川県小田原市住まいでお店を経営する友人が、投資アドバイスを求めていました。そして、ツイッターで有名な投資家ウォーレン・バフェット氏のツイートを読むように

なりました。いろいろと勉強になる投稿が多く、海外からの情報を英語で読んで役に立ったと言うのです。私もツイッターで似たような経験があります。私の場合は日本語でコミュニケーションを取りましたが、英語でツイートしようと思っているあなたにも当てはまると思います！　私の著作の中に、大好きなマンガ家・吉田戦車先生のコマを挿入するページがありました。ツイッターで吉田戦車先生へツイートを送ると、先生からも返信をいただきました！　短文で使いやすいツイッターでなければ、吉田戦車先生と連絡することはできませんでした。吉田戦車先生の作品を愛読していた私にとってツイッターはとても使えるツールとなったのです。

フェイスブックで英会話に

　SNSといえば、フェイスブックもありますね。友達とのコミュニケーションではなく、ニュースや動画をシェアできる機能も備えているので、それを楽しい英語練習として使ってみるといいでしょう。ツイッターと同じように、商品や有名人のファンページ、公式情報やニュース記事、大学の広報など、世界中の人々との連絡にも便利なフェイスブックを駆使すれば勉強になります。他人のコメントを見て、自分も投稿してみること。基本は実名登録ですが、気軽に始めてみましょう。

ベンジャミンのFacebookページ

ゲームも勉強ですよ！

Steam

　テレビゲームもただの遊びじゃない、と先述しました！　そう、英語でゲームをやってみると想像した以上に練習になります。ゲーム好きの人にとっては、ここでいろいろ主張している旨味に沿った勉強方法です。インターネットの普及に伴い、ゲームの輸入がずいぶんと楽になりました。

　ここで楽しいのは、欧米製のゲームも、日本製ゲームの海外向け英訳版も、両方ともいい英語教材になるということです。知人の日本人女性で『ファイナル・ファンタジー』の熱心な大ファン（ペンネーム：おじゅさん）は、そのシリーズの全作を日本語ではなく英語でクリアし、そして英語の台詞を掲載した美しい同人イラスト本を作っています。本当に絶妙な作品で、英語の練習の成果でもあります。英語でゲームをやりたいあなたに、彼女のような同人イラストレーターになれとは言っていません！　ただ、自分の興味に合った関心なら、どこまでもできるという例です！

　ちなみに、お持ちのゲーム機に対応する英語版ソフトをネットや売店で探すまでもなく、パソコンで遊ぶ方法もありますよ！　欧米で大人気の『Steam（スチーム）』というダウンロード型ゲーム購入ソフトを通じて、英語圏の多種多

様なゲーム（有料＆無料）ができます！　一般人向けから、マニアまで、様々なジャンルのゲームがそろっています。せっかくですから、カタカナ語が多い日本語版の「インターフェイス」ではなく、「使用する言語」を英語設定にしましょう。そうすると、仮にゲームに日本語版が含まれても、デフォルトの言語が英語になっています。『Influent（インフルーエント）』のような言語習得ゲームもあります！　楽しい言語の冒険に出かけましょう！

同じ趣味で外国人の友達も作れます！

　もちろん、パソコンがなくても英語環境は作れます。第2章と本章では、パソコンやサイバー世界での学び方を中心に書きました。でも、もちろん現実世界でも英語環境が作れて、学ぶことができます（これは日本語で「リア充」と言うそうですね）。いくつか紹介しましょう！

　定期的に英会話できる相手がいても、さて、何について話そうか？　という時もありますね。要するに、言語的にコミュニケーションが取れそうな相手でも、話の内容が合うかどうかわからないことがあるかもしれませんね。その場合、自分と同じ興味と関心を持つ人を探しましょう。世界のどこかであなたと同じ興味を持っている英語ネイティブがいるはずです！

　例えば、世界中に日本の伝統芸能・芸術・武術に興味を持つ人がたくさんいます。そのために日本を訪れる外国人が増えています。その中で英語が話せる人もいますね。

　近代的なもので英語圏の人に親しまれる日本の文化やエンターテインメントも多いですね。英語圏のマンガ通は毎年、同人誌市場「コミックマーケット」に来日しているから、同じマンガへの情熱を英語で語るのに最適でしょう！さらに同じ作品のファンに出会いやすいのは世界コスプレサミットでしょう！精巧な仮装でコスプレを繰り広げる外国人のファンは見つけやすく、あなたの大好きなキャラになりきっているから英会話の話題もつかみやすい！　伝統的文化でも、最新のマンガでも、同じ興味があるからこそ話しやすく、楽しく英会話に挑戦しましょう！

ところで、英語ネイティブと話したい趣味があってもどこで会えばいいかわからない時は、英語メディアで問題解決できます！　日本に定住している英語圏の人を対象にした雑誌やウェブサイトを確認しましょう！　特にライブ、発表、演説、クラブの情報などを英語で掲載する無料英語雑誌の『Time Out Tokyo』、『Metropolis』などを読むといいですね。いつ、どこで、どんなイベントが開催されるのを見極めましょう！

　他にも、情報源がありますよ！　例えば、日本各地にあるアメリカの在外公館。アメリカ大使館、総領事館は、文化交流促進のイベントを積極的に開催しています。各公館にある「アメリカンセンター」が参加可能なイベントや情報を提供しているので、あなたの興味に沿ったものについて気軽に問い合わせると良いでしょう。

自分に素直が1番

　何よりも実践的に英語を学びましょう！　そうするには楽しみながらの勉強が最適です。他人と比較せず、あなたが大事だと思うことを学びましょう。やるのはあなた自身にほかなりません。始めてみれば、自分の好きなことを突き止めることができるでしょう。

　チャレンジを続け、がんばり続けることです。「自分ができないこと」、「正しいことを勉強する」などと思わず、ネイティブによるネイティブ向けの英語なら何でも良いのです！　要するに、心配するのをやめて取りかかりましょう！　何よりも「実践」が大事ですから。

第3章のまとめ

●日本人のための英語テキストではなく、できるだけ英語ネイティブの
　ための自然な英語を教材としましょう。

●興味が持てない内容の教材では長続きしません。一般的な評価に惑わ
　されず、自分の興味に従って、自分に合った教材を探しましょう。

●ファッション雑誌、好きな俳優のツイッター、動画配信、ゲーム。ネ
　イティブ向けの英語なら何でも良いから、「正しくよりも楽しく」を
　合言葉に、英語に親しんでいきましょう。

第4章

コミュニケーションの実践

やるのはあなた！

そう！ どんなに
頭の中で考えて
いても実際に
やらなければ
永遠にできません

私は合気道を
習っています

最初は
厳しくて「自分には
ムリだ」と思ったけど
がんばって続けました

そうしたら
こんな私でも黒帯を
とれました！

「下手だ」「できない」
と思ってやらずに
あきらめるのが一番
もったいないことです

そーだね

だから頭の中だけでなく
「やる」！ やることでしか
前へは進めません

Just do it!

あと必要
なのは
1歩ふみ出す
こと！

そうだな〜
実際に英語を
使うには…

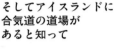
そしてアイスランドに
合気道の道場が
あると知って

メールで連絡して
練習に参加しました

ロシア人やイタリア人も来ていて
友達になれましたよ！

いや　さすがに
ワタシにはムリ。
遭難する！

歩いて
450km

やってみなくても
ムリそうってわかる

ベンさんの
行動力と体力が
あってできる
ことだよ

もちろん1か月
歩き続けるのは誰でも
できるわけじゃありません

私だって
体力が
心配だったので
日本でたくさん
歩く練習をしてから
行きましたよ

でも合気道道場に
英語でメールして
行ってみる

これなら
できるでしょう？

Hello!
My name is
Benjamin and

まあそれなら…

そうでしょう？

450km
歩くのは
ムリだけど

send mail

皆さん
それぞれ自分の興味の
あることで英語を使う機会を
見つければいいんです

日本でだって
探せば機会は
つくれますよ

アニメが好きなら
外国人が集まる
コスプレ大会に
行くとか

好きな国のフェアや
イベントに
参加するとか

World Food Fes.

なるほど

Event

そしてそこで
本物の英語に
ふれる！　話す！

人と交流する
やってみる

そんなに難しいこと
じゃありません

そしてその実践を
重ねることが
うまくなるコツ
です

日本語に
こんな言葉が
あるでしょう

体得

すばらしい
言葉知って
ますね！

きしむ車輪は油をさされる

　正しいやり方よりも、やりたいことをやる。なかなかできないことを言うな！
と思われる方もいるでしょう。その発想は「出る杭は打たれる」という言葉が
あるように、日本文化を表しているとも言えるでしょう。例えば、「30代で留
学を決心！」「バリバリに働ける年齢でまだ勉強？」「自分のビジネスを海外に
も広げたい！」「慣れない土地で商売ができるの？」「日本にいるほうが安定し
ているでしょう？」などなど。周りからの非難や、自分の行動によって誰かに
迷惑をかけることなどを考える人もいるでしょう。でも、新しいことが大好き
な国であるアメリカ出身者として思うことがあります。チャレンジすれば、ど
んな結果でも経験＝勉強です。変化が生まれるきっかけになる！　と。

　話は私がブラウン大学でのJunior（3年生）の頃に戻ります。当時、私は1
年間の休学から復学し、キャンパス内の寮へ戻ってきました。私の所属してい
た寮では、3年生からはシングルルームと言って、自分だけの部屋が割り当て
られるルールでした。しかし、私が復学したばかりだからでしょうか。寮長は、
私にルームメイトがいる相部屋を割り振ったのです。しかも異なる学年の若い
生徒さんとルームメイトに。その学生とはライフスタイルが異なっていました。
私にはシングルルームをもらえる権利があるのに、その権利が守られていない
ことにがっかりしました。いつか寮長が私をシングルルームに移してくれるは
ず、と願うだけでは、アメリカの生活は成り立ちません。そのまま何も言わな
ければ、相部屋で問題ないと見なされてしまいます。

　ですから、私はアメリカのことわざである「きしむ車輪は油をさされる」作
戦を実行しました！　ちなみに、この言葉は、The squeaky wheel
gets the grease.（キーキー音を立てる車輪であれば、油をさしてもらえる）
という意味です。私の権利「シングルルームを使えること」を寮長に正直に伝
えることで、初めて寮長に問題があることを認識してもらえたのです。寮長と
の話し合いは、6か月におよびましたが、なんとか相部屋を出て、シングルル
ームに住む権利を獲得できたのです。あ〜長かった！　あなたも、アメリカ式

にチャレンジしてみてはどうでしょう？

一期一会：瞬間を大事にしよう

　大学寮での経験から得たことがあります。それは、ほんの小さなことでも、まずは言動に示すことで物事は変わっていくということです。皆さんの英語学習においても言えることかもしれません。例えば、楽しいゲームを英語で10分だけやってもいいのです。ちょっとしたことでも、知らないうちに積み重なっていきます。計算してみれば、1週に1時間、1年で50時間。これは人並み以上の練習時間ですね！

　つまり、人生が一変するような決意をしなくても大丈夫です。ただ、楽に変えられるところはあるでしょう。通勤の時間、職場で人を待っている時間を勉強の時間としても使える。自宅でオーディオ・ブックを聴くこともできる。寝ながら聴く英語の無意識のアクセント訓練もある。一瞬で全部が覚えられるとは保証できませんが、発音に慣れることは英語学習の大きな助けとなります。

　英語圏のネイティブにとっても、高校程度の英語力を獲得するには18年間も費やします。皆さんの英語も数か月間で完璧になるはずがありません。でも、大丈夫です！　自分のできること、自分のしたいことを英語でコツコツ勉強していくことで、間違いなく上達します。そして、その結果に自分も気づきます。スポーツ試合の結果を英語で検索する時間が速くなっていること。Facebookを英語で使うのが楽になっていること。最初は『スター・ウォーズ』の映画を5回も観なければわからなかったのに、3回観るだけで英語を理解できるようになります。

　そしてブラッド・ピットがあなたのツイートに返信するかもしれませんよ！
　いや、本当です。夢見て、志せば何でも可能になります。
　私は大学時代に日本式の麻雀にはまっていました。
　ブラウン大学で麻雀研究プロジェクトを立ち上げ、麻雀についてあらゆることを学ぼうとしました。結果として大学の中で麻雀を初めとする日本のゲームについて誰よりも詳しくなりました。そして、「日本の麻雀研究プロジェクト・

研究家」と書いてある日英の両面名刺を作りました。

　そしてある日、非常に有名な政治家がブラウン大学を訪れました。その方のために開催されるレセプションに招待され、自己紹介するように言われました。

　麻雀研究家として、私もその方に名刺を渡そうと思い、日本式にお辞儀しながらの名刺交換をしました。その様子がこちらです。

　そうです！　私と、かの有名なアメリカ人、ヒラリー・クリントンさんですよ！　しかも私の麻雀研究プロジェクトの名刺を持ってくれています。

　クリントンさんと一緒に麻雀の話ができるなんて、夢にも思いませんでした。でも、ゲームへの関心にそのまま沿い続けて日本語を勉強してきたので、このようなエピソードが生まれたのです。皆さんがクリントンさんと会えるとは保証できませんが、皆さんも、このようなユニークな話ができる時がきっとあると思います。すぐに英語が話せるようにはなりません。時間がかかるかもしれ

ませんが、好きなことを英語で練習することに力を注ぎましょう。

乗り越えられるチャレンジ

でも、本当にいいのでしょうか？　自分の好きなサッカー・チームの試合のサイトを見て勉強してもいいのでしょうか？　『スター・ウォーズ』を字幕なしで観ることは大丈夫でしょうか？

この心配を自身で乗り越えないといけません！

つまり真のチャレンジは英語ではなく、自分のやりたいことを追っていいのかという心配を乗り越えることなのです。

日本人には、恥をかくことを恐れている人が多いと思います。海外に行く前に、外国人に日本について聞かれて答えられないと恥をかくので、まず茶道や着物の着付けを身に付けたいという人にも会ったこともあります。

しかし、そんなことは、まったく心配無用です！　アメリカ文化が好きだから英語を勉強していると言えば、アメリカ人は喜ぶに違いありません。私も個人的に日本文化が気に入っているので、日本で楽しく生活しています。日本語をしゃべり、合気道の稽古をし、太神楽の傘回し曲芸の練習もしています。

どれも完璧ではないし、傘回しの曲芸も正直言って上手ではありません。にも関わらず、これらのことを日本人に見せると、外国人が日本文化に関心を持ってくれてうれしい、と多くの人に言われます。

あなたも海外では私と同じです！　例えば、アメリカに興味があるから英語を勉強しているあなたは、アメリカ人にとって「自国の文化に関心を持ってくれる」人なのです。共通の興味を持つ人との交流の楽しさを考えることにしましょう。その交流の相手があなたを待っています。

ベンのもう1つの成功談：アイスランド旅行

ちかさんに2015年8月のアイスランド旅行についてマンガにしてもらいました。アイスランドの最北端から最南端へ縦断はフィクションではありません。キャンピングのすべてを教えてくれた友人のおかげで、やりとげることができ

ました。

　最初にアイルランドの最北端に着いた時、私はアウトドアに関して何もわからなかったのです。テントの張り方も、リュック・サックの正しい背負い方も。教えてもらっても、しばらく繰り返してやらないと身に付けられませんでした。1日に20km〜30km歩くことも大変でした。

　アイスランドへの出発前の訓練で、神奈川県のJR大船駅から、三浦半島まで約30kmを歩いてみました。旅行の徒歩練習になりましたが、重いリュック・サックを背負いながらのハイキングとは別のものでした。アイスランドに着いたらやっぱり大変だったのです。でも慣れてくると、少しは楽になりました。リュック・サックの詰め方がうまくなって、テントを張るのも早くなりました。そして毎日歩いているうちに、足の筋肉も強くなり、歩くこと自体がもう少し簡単になりました。

　英会話の上達もそうだと思います。最初は完璧ではないけれど、継続してやれば、さすがに上手になります。

最初から専門家ではなく、練習して専門家になる！

　アイスランドへの旅がちょっと野心的すぎる？　はい、わかりました、もっと身近に感じられるエピソードをご紹介しましょう！　東京都中野区で、日本で自分のケーキ屋を経営する夢を見事にかなえた友人、「Kyle's Good Finds」（カイルズ・グッド・ファインズ）店主のカイルさんのケースです。

　カイルさんのケーキはとんでもなくおいしいケーキです。これは、大げさではありません。中野区観光大使だから言っているというわけではありません。全国で一番デリシャスなケーキだと、私は思っています。しかし、カイルさんは有名なベーカリー専門学校から卒業されたわけでもなく、幼い頃からお菓子作りをしていたわけではないのです。ただ、どうしてもお母さまが作ったようなケーキが作りたくて、何回も自分で経験を重ねました。母親のおいしいお手料理のレシピを活用して、25年間もそのビジネスを経営してきました。

　彼は素直に自分の作ったケーキを日本で紹介したかったのです。日本で自分のやりたいことのために、必要に応じて覚えた日本語は、ほとんど食品業界、配達、経営の語彙に絞りました。そしてケーキ業界の専門家となりました。日本で奥さんと共に4人の子どもを育て、そのうち2人はインターナショナル・スクールにも通わずに、アメリカの名門大学に入学できました。

　確かに、カイルさんの日本語には限界があります。私と同様、完璧とは呼べません。お客さんに突然、日本語で日本古代史とか素粒子物理学について問われたら、「わからない」と答えるしかありません。でも、どうってことはない！カイルさんは、望んだ人生と、ビジネスに関係ある言葉や知識を知っていれば十分。あなたの英語学習の対象と目的も、同じです！

間違っても当然！　大丈夫！

　失敗や間違いは重要です。あ、知っていましたか？　それでも、ここで繰り返す価値があると思います。間違いなしでは上達もないでしょう。例えば、スマホでSiriを相手にして、発音がうまく聞き取ってもらえなかった。ちょっと

残念でしたが、やり直し！　実際の会話の時も間違うかもしれません。それも大丈夫、やり直し！　スポーツも、料理も、何もかもそうでしょうが、特に言語学習においては、こういう間違いを重ねていくことで上手になれます。

伝える「工夫」

　日本語で「工夫」という言葉があります。その実態や場に応じるため、想像力を使って賢い手段と方法を考え出すことですね。禅語の「工夫」は意味が多少違います。これは修行に専心する意味ですね。どちらの「工夫」も英語学習にとって適切な表現だと思います。世の中には完璧に、円滑に収束できることが少ないのです。完璧ではないツールを活用して、試行錯誤の精神でなるべく対応できるようにがんばりましょう。

　自分の英語が完璧になるまで待っていたら、一生英会話はできないでしょう。だから、とにかく声を出す。言ってみる。話してみる。やってみる。とにかく「伝えたい」という気持ちがあるのなら、文法が正しくなくても伝わります。

　先述したシゲキ君は、小5の時にオーストラリアに2週間のホームステイに行きました。その経験で彼は目からウロコが落ち、視野が広くなりました。日本語がまったく通じない、初めての外国滞在でした。そこでがんばって相手にわかってもらわなければならない。その当時は英語文法がよくわからなかったので、知っている言葉だけで表現する必要がありました。

　ある日彼は、ホームステイ家族の夕食に日本風カレーを作ってあげようと思いました。昼間はホームステイ家族と一緒に外出中だったのですが、カレーを作るには時間がかかる。だから早めに帰らなくてはならないことを伝えなければならない。そこでホームステイ先のお母さんに、こう言ったそうです。「They dinner my curry cooking go home hurry up please.」（彼ら　ゆうしょく　ぼくのカレー　りょうり　かえる　いそぐ　お願い）。11歳のシゲキ君が、この通りの言葉を伝えたのです。

　まちがった英文でしたが、彼女はわかってくれました！　シゲキ君が身ぶりやしぐさで伝え、食べるまねをして、帰り道を指さしていたからです。

外国人と話をする、理解しあうために、必要なのは外国語能力だけではなく、何かを伝えたい、理解してもらいたいという気持ちが語学力よりも大事だということです。

　もう1つの例として、海外旅行の時に誰もが抱える心配は、食べ物の注文です。アメリカのレストランでフライド・チキンが欲しいが、いざ注文する時に自分が「Could I please have the fried chicken?」（フライド・チキンをいただけませんか?）と言うために緊張してしまい、戸惑いながら言葉が出てこない。自分も店員さんも気まずさを感じてしまう羽目になってしまったら?こういう時は無理しなくてもいいのです!　いちいち文法的正確さにこだわらなくても大丈夫です。ニコニコしながら単に「fried chicken」（フライドチキン）と言えば伝わるのです。文法で失礼なことを言う心配よりも、やさしい顔を見せることに努力しましょう。発音や文法がどんなに間違っても、伝われば目的達成です!

その言葉がわからない時の裏ワザ

　話しているうちに、言葉が浮かんでこなかったり、うまく表現できなかったり、文法を忘れたりすることもあります。そんな時は、まずは、相手の顔と表情を確かめましょう!　なぜなら、自分が間違っていると思っていても、実はちゃんと理解されていることもあります。逆に、途中で相手の言っていることがわからなくなることもありますから。英語圏では人の目を見ながら話すのは礼儀です。だから相手の様子を頻繁に確かめるといいでしょう。まるで武道のように、相手をいつも見据えるのです。

最も大きな英会話の弱点を解決

　日本ではよくあるパターンですが、自分の言っていることを相手がわかっていると思い込んでしまうミスです。どんなに日本人の間で「以心伝心」ができると思っても、伝わらないことがあります。確かめることによって誤解をいろいろと回避できます。英語で話す場合は特にそうです。わかっているか、伝わ

っているか、というようなことを聞くのは決して恥ずかしいことでもなく、失礼なことでもないのです。もし相手が理解できなかったら、別の説明や言葉を試してもいいのです。聞くことが大事です。

難しい言葉を簡単な言葉に！

　外国人に日本の伝統文化について、英語で完璧な説明を求められることを心配している日本人がいるかもしれません。もしかしたら、あなたも？　実際に、合気道道場や禅寺によく通っている私は、「私より日本のことをよく知っている」としばしば（ちょっと恥ずかしそうに？）日本人に言われています。でもそんなはずはないのです。伝統文化以外にも、日本文化にはいろいろなおもしろいところがありますが、外国人から詳しく聞き出されることはまずないでしょう。外国人にはたぶんあなたの好きなことについて聞かれます。ファッションでも、自動車でも、ゴルフでも、マンガでも、あなたにとって大切なことを話せばいいのです。

　かしこまった英語の説明が必要ではなくても、とにかく海外で知られていない日本の日常について教えたい時もありますね。例えば、「コタツ」をどういう風にアメリカ人に説明しますか？　日本人にとって当たり前のものですが、ほとんどのアメリカ人はコタツを見たことがありません。辞書で引いても、随分と難解な定義ですね。ある辞書で引いてみたらこんな英訳が出ました。
"table over an electric heater（orig. a charcoal brazier in a floor well) with a hanging quilt that retains heat"
「電気ヒーター上のテーブル（従来は掘りごたつに炭の火鉢が設置されている）に暖かさを保つためにキルトがかけられているものを指す」って。

　説明が長いし、コタツを見たことがないアメリカ人にとっては理解できないかもしれません。

　そういう時は100％の正確さで説明しなくても大丈夫です。まず、難しい説明をいくつかの簡単な言葉に替えましょう。そして、その簡単な言葉の英語で言えば良いのです。コタツであれば、"a table with a heater attached"（ヒ

ーターが付いているテーブル）と、私なら簡単な言葉に変換してから伝えます。茶道、神社からコタツ、ノレンまで。私はこの方法で難しい日本語を簡単な英語に変換する練習を続けてきました。

　ちなみに！　とても日本的な言葉の中でも、アメリカ人をはじめ多くの外国人に広く理解されていることもあるので、とりあえず日本語の言葉を知らないか、聞いてみましょう！　現代では「sushi」（寿司）を知らない人はまずいないし、40代以下のアメリカ人はたいてい「anime」（日本アニメ）と「ninja」（忍者）を知っていると思います。最初に「Have you heard of anime?」（日本のアニメは聞いたことありますか）、「Do you know what a ninja is?」（忍者が何か知っていますか）などと確かめれば、説明する必要もないかもしれませんね。

クールジャパンとは何か

　クールジャパン・アンバサダーの私は「日本のどこがクールですか」「外国人は日本の文化のどれが好きですか」とよく聞かれます。しかし、これは人によって違うと思います。ある人は寿司が好きで、またある人は歌舞伎や忍者に夢中になっています。私だってアニメとマンガが大好きでした。今は合気道をいつもやっています。

　だから、何がクールかというのは客観的に決められないと思います。いろいろな意見があって人によって観点が違うからです。だから、外国人に日本のどこが魅力なのかを簡単に説明できません。しかし、何に興味を持っているのかを把握するのはそれほど難しくないと思います。今までの英語のコツを使えば。

　もし「外国人が日本をどう思っているか」が知りたいなら、前出のグーグルやインターネット新聞サイトで調べましょう！「Japan」や「What's Cool about Japan」（日本について何がクールなのか）を英語で検索すれば、いろいろな情報をゲットできます。ニューヨーク・タイムズのホームページでまじめな記事が読めます。そして、おもしろい内容で笑いたいのなら、RocketNews（ロケット・ニュース）などの日本コンテンツ専門サイトもあ

ります。

道場の実用的な英語

　私がいつも稽古しているのは高田馬場（東京都新宿区）にある養神館合気道本部道場です。毎年そこで、世界各国で活躍する海外指導員を養成する国際専修生稽古が行われています。週5日、午前7：30から午後2：00まで、11か月に渡る激しい修業です。

　その稽古を受けているほとんどの外国人は、日本語がさっぱりわかりません。それでも、道場は彼らを超一流の指導員に養成しています。先生方はみんな英語堪能……というわけではありません。むしろ、多くは英語をほとんど話せません。しかし、様々な「工夫」によって巧みに稽古のためのコミュニケーションを取っているのです。

　例えば、教え方の最も巧みな先生は、英語の言葉もいくつか使っています。「腰を下ろす」の時は「hip down」と言い、「膝を曲げる」の時は「knee bend」と言います。専修生に「ワザをより強く、活動的にやってもらいたい」時は「dynamic」と言います。いずれの英語の発音も完璧ではなく、「hip down」という命令は文法的に正しいわけではありません。でも同時に目を見て、身体の動作で説明しているので、英語ネイティブにも100％理解されています。

　この先生のお仕事は完璧な英語を話すことではないので、完璧な英語を話さなくていいのです。彼のお仕事は指導員を養成することで、その目標に合った英語を使っています。語彙や複雑な文型を覚えるのに心配しない先生は何が効果的かを見て、それを使いこなしています。

大学教授でも「L」と「R」をミスする

　知人に、アメリカの大学で物理学の教授を務めている、ある日本人がいます。LとRの発音の難しさにより、彼の説明する「laser beams」（レーザー光線）が「razor beams」（髭剃り光線）に聞こえるという楽しいミスを学生がおもしろがる一方で、一生懸命に教えている彼の授業はとても人気があります。学

生たちも心から楽しんで、大変勉強になっています。発音が完璧ではなくても、仕事をこなすには十分で、不自由を感じない。大学の教授ですら英語の間違いを気にせず活躍できているのです。あなたも必ずできます！

臨機応変の英会話

　東京の天然温泉スパに行った英語ネイティブの友人がいました。受付の女性はあまり英語がしゃべれなかったのですが、がんばって「初めてでございますか？」にかわる「first time?」や、「大変混雑していますのでご了承ください」にあたる「very crowded」などを、笑顔でちゃんと英語で伝えてくれたそうです。お互いに気まずさを感じることなく、受付嬢は入場案内を、友人は入場というそれぞれの目的を達成できました。その話を聞いて、すばらしい臨機応変の英会話に感動しました。

英語のメールはリラックスして！

　実用的なツールとしての英語と言えば、日本人が苦労する英語メールはどう書けば良いのでしょうか？　英語圏のメール文化では、短くてカジュアルな書き方が多いのです。私の合気道道場へのメールを例としてお見せしましょう。

Benjamin Boas <Ben@benjaminboas.com>

to aikido ▾

Hello!

My name is Benjamin Boas and I'm an American Aikido practitioner.

I'm currently in Iceland on vacation.

Can I please stop by today?

Thanks!

こんにちは！

アメリカ人の合気道家のベンジャミン・ボアズです。

今、アイスランドを旅行中です。

今日、そちらの道場に寄ってもいいですか？

ありがとう！

とても簡単ですね！　まず名乗って、事情説明して、用件を言うというシンプルな3つの文です。敬語や複雑な単語や文法を使わなくてもいいのです。むしろ、使わない方がいいです。

以上のメールを送ったら、数時間以内に以下のメールをもらいました。

Marco Solimene
to benjamin.boas, aikido ⏷

Dear Benjamin,
feel most welcome in our dojo.
The practice will take place between 18.30 and 20, and we open the dojo at 18.15.
Looking forward to practicing with you!

ベンジャミンさん

うちの道場は大歓迎です。

稽古は18：30から20：00まで、道場は18：15に開きます。

一緒に稽古するのが楽しみです！

やさしい人ですね！　Welcome（歓迎）だけではなく、most welcome（大歓迎）というメールをもらいました。

相手からのメールには、強いて言えば、間違いがあります。「feel」は文の最初の言葉なので大文字のはずです。でも、「f」が小文字のまま。そして、「feel most welcome in our dojo」という命令形の英語は自然とは言えません。最後に、サインもありませんね。

でもね、メールをもらった本人の私にはこのことはど〜でもいい！　意味が
わかるし、非英語ネイティブのアイスランド人に完璧な英語メールを求めてい
ませんから。合気道を練習したくてメールしたのであって、相手の文法をチェ
ックするために書いたわけじゃないしね！

　要するに、会話もそうですが、英語でメールする時は落ち着いて、リラック
スして短く書いてください。また、コミュニケーションのために、いろいろな
レベルの英語が共通のツールとして使われています。少しくらい間違ってもい
いのです。

短期間でも、日本を離れた方が効果あり

　できれば、海外で英語圏の実践的な経験があればありがたいですが、留学で
きなくても、できることはまだまだたくさんあります。ワーホリ（ワーキング・
ホリデー・ビザ）もうまく使って日本を離れることが効果的です。つまり、カ
ナダ、オーストラリア、ニュージーランド、イギリスなどへ1週間行くだけで
もメリットがあると思います。それで、大事なのは、いろいろなことを見て、
いろいろな人に話しかけようとすることです。

　また、友人同士で行くのなら、ずっと2人で行動することはおすすめできま
せん。海外にいても日本人としか付き合わなければ「日本語環境」にいること
と同じになってしまいます。

　確かに1人旅は人によってちょっと寂しい面があるかもしれませんが、日本
語に頼らず現地でコミュニケーション力が楽しく試される、最高の機会です。
日本から離れて、外国の「英語環境」の中で実践的に英語をツールとして使う
のです！

やり直し英会話は「体得」そのもの

　皆さん、「体得」というすばらしい単語をご存じですか。「体得」としての英
語学習です。経験を身体で覚えるという意味です。英語は「極めてから使う」
ものじゃなくて、「もがきながら、恐れず懲りず、自分の目的とやりたいこと

のために実践的に使い続ける」ものです。会話で間違ったりすることは必ず勉強と達成につながり、楽しみながら徐々に上手になります。あなたにそのやる気さえあれば！

第4章のまとめ

●大事なのは自分が英語でやりたいことができるかどうかです。他人と点数を競うような勉強はやめて、自分の興味に従った学習をしましょう。

●完璧である必要はないので、間違っていても伝わる工夫をしましょう。例えば、英語で説明しづらい内容は、まず、日本語での簡単な説明を考えて、これを英語で伝えてみるというのは、その1つです。

●間違っても良いから、楽しく自分の興味を伝えることができたら、それはあなたのクールジャパン！　挑戦あるのみです。

ベンジャミン・ボアズ Benjamin Boas　●国際コミュニケーション・コンサルタント

アメリカ・ニューヨーク州出身。ブラウン大学卒。2007-2008年フルブライト奨学生として京都大学大学院で、2010-2012年文科省奨学生として東京大学で研究。現在は、内閣府公認クールジャパン・アンバサダー、東京都中野区観光大使を務める。また、翻訳者、講演者、日英校正者、慶應義塾大学SFC研究所員としても活躍中。新聞や雑誌に日本語と英語で寄稿、日本の文化を世界に発信している。著書に『日本のことは、マンガとゲームで学びました。』(小学館)。英文校正担当者書籍として『プログレッシブ中学英和・和英辞典』(小学館)、『大人のためのやり直し英語練習帳』(小学館) など多数。
公式ホームページ：www.benjaminboas.com
Facebook：www.facebook.com/benjaminworld

青柳ちか Chika Aoyagi　●マンガ家・イラストレーター

著書にマンガ、イラストを担当した『産後が始まった!』(KADOKAWA)、ベンジャミン・ボアズ氏との共著『日本のことは、マンガとゲームで学びました。』(小学館) 他。

大人のためのやり直し英会話

2016年7月6日　初版第1刷発行

著　者	ベンジャミン・ボアズ(文)
	青柳ちか(マンガ、イラスト)
発行者	伊藤　護
発行所	株式会社小学館
	〒101-8001 東京都千代田区一ツ橋2-3-1
	電話 編集03-3230-5676
	販売03-5281-3555
印刷所	凸版印刷株式会社
製本所	牧製本印刷株式会社

©Benjamin Boas, Chika Aoyagi 2016
Printed in Japan
ISBN 978-4-09-388461-7

装幀・デザイン／渡部裕一(ティオ)
撮影／五十嵐美弥
編集協力／清田美香、クリス・セジウィック
DTP／昭和ブライト
編集／楠田クリス武治(小学館)

中学用英和・和英辞典の内容だけで作った
大人のための
やり直し英語練習帳

監修／吉田研作

小学館
本体900円＋税　ISBN 978-4-09-310540-8

日本のことは、
マンガとゲームで学びました。

原案・文／ベンジャミン・ボアズ
マンガ・イラスト／青柳ちか

小学館
本体1,100円＋税　ISBN 978-4-09-388395-5

プログレッシブ
大人のための英語学習辞典

編集主幹／吉田研作

小学館
本体3,000円＋税　ISBN 978-4-09-510222-1